真正意义的教育革命，往往是从一间间教室开始萌发的。

——（日）佐藤学

梅洪建 王世燕 王 博 / 著

撬动学校
高品质发展的关键

从一间教室到一批学校的实证

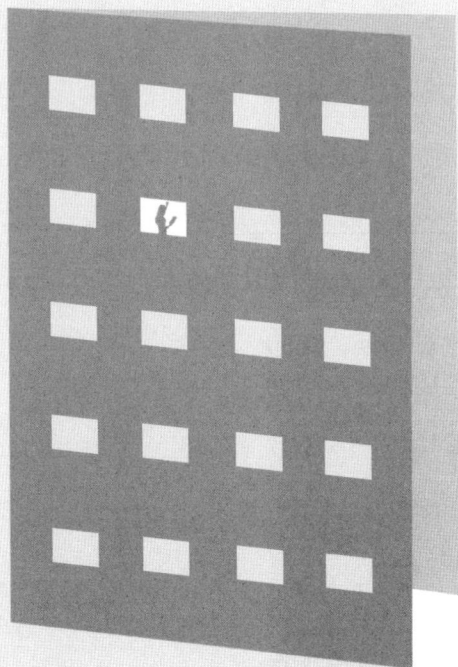

中国纺织出版社有限公司

图书在版编目（CIP）数据

撬动学校高品质发展的关键：从一间教室到一批学校的实证／梅洪建，王世燕，王博著．--北京：中国纺织出版社有限公司，2024．7．--ISBN 978-7-5229-1919-5

Ⅰ．G47

中国国家版本馆CIP数据核字第2024GP1077号

责任编辑：李凤琴　　责任校对：李泽巾　　责任印制：储志伟

中国纺织出版社有限公司出版发行

地址：北京市朝阳区百子湾东里A407号楼　　邮政编码：100124

销售电话：010—67004422　　传真：010—87155801

http://www.c-textilep.com

中国纺织出版社天猫旗舰店

官方微博 http://weibo.com/2119887771

北京华联印刷有限公司印刷　　各地新华书店经销

2024年7月第1版第1次印刷

开本：710×1000　1/16　印张：15

字数：156千字　定价：58.00元

序言
学校突围的关键在于后端

教育，本没有人区分前端和后端。为了更好地说明问题，我们就提出了这个概念。我们还认为，联接前端和后端的是教师的专业化发展。

生活中往往缺少的是追问，所以就少了很多真知灼见或者是新的发现。如此，我们不妨问几个问题。

教育的前端是什么？如果以"学习"，尤其是课堂学习为界线，"我给"的部分就是我们认为的前端，包括课程、课堂等。课程是"我给什么"的问题；课堂是"我怎么给"的问题。当然，也就顺带提出了另一个问题——"谁来给"或者"我是谁"的问题。如果这个问题厘清了，就会发现，我们这十几年甚至几十年的教育教学改革重点，都是在前端。开发怎样的课程更适合学生发展，采用怎样的上课方式更能有效学习，教师具有怎样的能力才能更好地教导学生等。我们在这些方面做了不少有益的探索。这些探索其价值自然重要，至于重要到什么程度，我们后续再谈。现在先来回答第二个问题。

教育的后端是什么？当我们明白了"前端"是什么，后端就简单了。那就是学生、家长、生态关系等。或者简单就用生态圈来概括，因为学生的心理状态、学习动力、品德形成、生活状态、家庭的生态关系、家校的协同关系等，都直接影响到教育教学的效果。

教师的专业发展方向是什么？这个问题是一个非常棘手的问题，如果您认同教育的关键是前端，教师专业发展的方向可能就是课程开发、课堂艺术、师德师风等；如果您认同的是后端，可能就更需要探究教师的专业能力到底是什么？

关于前端，有情怀的教育人前仆后继做了很多探索，结局就是您看到的现在教育的模样。或许未来它会更好，只是目前就是目前的存在。

关于后端，有情怀的教育人也在探索和实践。

上面两段文字似乎很"骑墙"，如果选一个更重要，就要看哪一个更能解决教育困境，解决的程度如何。那么，对于学校发展来说，现在主要的困境是什么？不言而喻，身处一线的校长、教师以及教育生态圈中的每一个人都能深深地感受到以下几个方面的问题：

（1）学生心理问题。这个问题似乎已经成了当下教育最大的挑战。健康的身心没了，其他还有何用？

（2）学生缺乏内驱力。这是很多教师和家长焦虑的重点，也是学校的痛点之一。因为你无论怎样都绕不开分数对一个学生、一名教师、一所学校以及各家庭的评价。如果孩子没有动力了，无论你给予了怎样的课程、课堂都很难获得成绩。

（3）校园安全问题。这是一线校长们的痛点之一。校园霸凌等问题的出现，让学校安全面临巨大挑战。

（4）教师职业倦怠。教育是太阳底下最光辉的事业，教师是人类灵魂的工程师。可是，我们却看到了教师疲于奔命，看到了一些教师的极端选择等。

（5）家校关系紧张。这个不难理解，因为学校的焦虑容易转移给教师，教师的焦虑容易转移给学生，学校的焦虑使学生产生心理问题，加上不少学生的躺平心理等，与家长的高期望直接形成冲突，家校关系自然变得紧张。

当然，还有其他问题。前四种问题导致第五种问题产生，五种问题加起来也就构成了学校突围路径的逼仄。现实中，学校除了课程开发、特色教育、文化打造、现代媒介运用外，鲜有其他路径。那么，当我们把目光聚焦在后端的时候，就能发现，学生的心理状态、学生的学习动力、学生的品德形成、学生的生活状态、家庭的生态关系、家校的协同关系等，正对应着当下教育的难点与痛点。

所以，我们认为，学校的突围关键在于后端。

您可能会问，把后端作为首要，能获得怎样的效果呢？这里我们不做空谈，用一些事实来佐证。

一、可以获得职业的幸福

濮阳油田第五小学的郭梦梦老师兴奋地说："学生表扬我了！"那一刻，您能读出来她的幸福感。

郓城县利民小学安静老师说："孩子们把他们的肉饼给我吃，第一次感觉好幸福！"

郓城县唐庙镇中心小学胡淑甜老师的学生，竟然深夜挑灯写信表达对老师的喜爱。

致和实验的王校粉老师说："周一上午，赵可馨同学在下课时帮我收作业，当她把作业放到我跟前时，她朝我笑了笑说：'老师，我想告诉你一件事，不许笑我，'我问她：'什么事，这么神秘？'她直接说：'老师，我爱你，我喜欢你！'"

二、可以获得学业成绩的提升

阜阳市伍明小学的刘晓晓老师开心地说，她没有想到一个乡村学校的班级，竟然所有的学科都考了学区第一。

成武县教体局潘崇雷局长，兴奋地为一个学区的一个班级学习成绩有非常大的进步而点赞。

郓城南城中学李传宝校长说："没想到，三个年级三个试验班，一个学期竟然都分别成为了年级第一。"

三、可以获得家长的认同

丁里长中心小学的张秋兰校长忍不住感慨——

向教育体育局（以下简称教体局）各位领导汇报好消息：今天学校收到了学生家长送来的锦旗，家长们对近期学生的改变而惊喜，特让我校转达对教体局领导、研究院老师的感谢。感谢教体局领导给学校提供这么好的平台，为孩子们的改变做好有力支撑。感谢研究院老师提供的正确引导，让老师、学生和家长都在平凡的生活中发现身边的美好。感谢我们所有老师的付出，她们的落到实处让孩子们离美好越来越近，让孩子们发现美好，变成美好。

家长们非常支持研究院的工作，配合老师的"美好发现行动"。现在孩子们不仅每天到家就会分享在学校发生的美好，在家里也会发现父母的美好，家庭关系更加融洽了。在美好的五月，我们收获了家长满满的信任！

美好是双向奔赴的爱，感谢在美好的五月，我们收获了更多的美好！

四、可以解决孩子的心理问题

伊金霍洛旗试验学校的一个让我震撼的故事——

说实在的，咱们投身的这项事业让我由衷感慨。

没想到从小学六年级已开始出现"问题孩子"了……我班上有个女生和六年级的一位男生关系特好。用手机在社交媒体上发了张照片，还是视频之类的东西，女孩的家长知道后言语上有点过激，这个小女孩当天就做出了极端行为。

后来是班里有其他孩子拿这件事来刺激她，那个小女孩一时间就崩溃了。那天下午吃完饭，我们班另外一个小女生和她闹矛盾，对她说："你怎么不找你男朋友帮忙啊！"她过去就把说她的小女孩拉住，要打起来。后来她说所有的同学都看不起她，还有同学都拿这个事在笑话她；她已经和那个小男孩断了，她的妈妈还是翻来覆去地说她。

这是我们当时聊天的内容，我感到后背一阵凉，但我深深地知道，这个孩子抑郁了，心理出现了严重的问题。

班主任对我说："如果是以前碰上了这种事，我不知道怎么处理，但是自从您来了之后，跟您学了这种教育理念之后，我知道用她身上的闪光点来做工作。我需要给她闪亮的机会，让聚焦小组的美好的光照耀到她。因为只有这束光是她身边最直接的，这束光也是直接影响她的，也是能治愈她的。"在后续的聚焦小组美好时，她总是有几个点被小组表达出来。慢慢她变得很阳光、很自信了，现在她再也没有过激行为。当我再问她这件事的时候，她说："老师我当时想错了，我以后再也不会了，您放心吧，即使您不在我身边，我也不会再做这样的傻事了。"

我觉得这种理念是美好的，碰到这样的孩子，我们还有什么方法？还能想出什么方法来吗？不在一线教育，不当班主任，不知道班主任的难处，我们不采用这种发现美好的办法，那还有什么办法呢？或许有很多老师没碰到过这种情况，不知道危险，其实以前我也没碰到过，只是今年这孩子才出现这样的心理问题，不知道在教学的生涯中会遇到什么样的问题，万一以后这样的孩子越来越多呢？该采取什么样的方法进行带班、进行管理呢？其实，理智告诉我，这样的孩子真的是越来越多了。我很心痛，也正是这份心痛让我觉得有必要按照咱们的理念，好好实践。因为，我们不仅可以获得优异的成绩，更重要的是，它真的可以拯救生命。

五、可以解决"问题学生"的问题

实验班杜海玲老师讲述了这样一个孩子的转变——

语文老师偷偷找我："姐，王程唯咋了？我让他站起来他竟然乖乖站起来了？也没口头语了，连个白眼也没翻，我觉得很奇怪，这不是他的风格啊？想找你问问。"

语文老师搂着我的胳膊，又惊奇又开心。惊奇的是王程唯是怎么改变的？开心的是王程唯不但课堂不捣乱了，还主动写作业了，语文老师惊讶他经历了什么？

我只微微一笑，胸有成竹地说："这才刚开始，接下来还会有惊喜。"

语文老师还说："现在办公室8个语文老师，咱们班进行新课最快，我想也就是咱们班纪律太好了，上课只负责讲课，不用花大把时间去整顿纪律，简直太轻松了。"

音乐老师也微信告诉我说："姐，你班小孩太懂事了，上课真轻松，上不够，你要是哪天有事？我帮你上课。"

科学老师今天也说，这样下去，期末你班科学还是优秀。

英语老师说学习的氛围起来了，关键王程唯也不捣乱了，还能正常写作业，课堂上偶尔还回答问题。

老师们的反馈都是正面的，加上班长们每天的汇报，今天班会大家认为班级改变很大，特别是王程唯同学，大概有二三十个孩子站起来说他的改变与优点：改变最大的是他嘴里经常说的那些"小零碎"没了，翻白眼没了，动手打人没了，原来是跪在板凳上，现在也坐好了……

王程唯说："听同学们说到我以前，我觉得怪不好意思的，现在我觉得做得还不够，以后我还会更好，谢谢大家。"

班级的改变，孩子的改变源于小组聚焦美好表达这个活动，大家的心都被真善美填满了，整个心灵都被鲜花覆盖了，已经没有空隙生出杂草了，班级环境的改变、纪律的改变，就是源于孩子们心灵的美好。这是带好班级的最有效的方法。

当然，我不能一一列出它的作用，因为这种基于后端的生态圈构建，其效能是立体的。但是，在我们的实验区，我们的实验学校，这些都是真真实实地存在，实实在在地发生。

本书就是基于后端的大教育圈理论指导下的实践过程说明。也是在我们研究院经过10年摸索之后，在全国如濮阳市油田第五小学等100多所学校和山东省郓城县、山东省成武县、内蒙古自治区伊金霍洛旗等十几个实验区进行实践之后找到的答案。因为在这些学校和实验区里我们确实能感觉到学生的心理健康指数得到了大幅度提升，感觉到了学生的学业成绩大幅度提升，感觉到了教师职业的幸福指数大幅度提升，感觉到了班风、校风、家风一体的教育生态在形成，教育部所提倡的协同育人理念，在我们的"大教育圈"理念指导下，竟能轻松落实。

所以，我们想通过这本书表达对濮阳市油田第五小学等实验学校的敬意，表达对郓城、成武等试验区域的敬意，表达对参与实验的所有教师、孩子和家长的敬意。你们在为中国的教育提供着典型的样本。

行文至此，似乎有必要介绍什么是大教育圈了。所谓大教育圈，就是以实验班和实验学校为起点构筑良好的班级生态，以班级生态为基点构筑良好的学校生态，以学校生态为动力构筑良好的家庭生态，进而形成班风、校风、家风一体的大教育生态圈。让向善、向上、健康、和谐成为班级、学校、家庭和区域的重要特征，从而推动教育向更高品质的方向发展。

是为小序，愿前行的路上遇见您，和您同行。

北京毓简教育研究院

2024年5月30日于后海

上篇　优秀，权作序章

做该做的事，才会出效果。当下学校突围的关键是寻找教育的"公共性使命"，找到学校"该做的事"，也就找到了学校高品质发展的核心密码。当然，它有一个重要的前提，基于以班级为细胞单位的学校，首先班主任得具有把班级带成优秀班级的能力，没有这个做基础，构建高品质学校就是空谈。本篇，是高品质学校的序章——把班级带优秀。

中篇　生态，创造美好

克里希娜穆提说："善没有对立面……只要有任何形式的暴力或斗争，善就永远不会到来。"如果您愿意用美好的眼睛来看这个世界，用合适的言语传递您看到的美，多美好的教育情境都可以被创设出来。不信，您看……

第五章　高效能教师队伍的打造策略　│125

「未来学家丹尼尔·平克说：奖励只能带来短暂的热情，甚至还有副作用，要长久地坚持下去，必须调动内在驱动力。所以，高效能的教师队伍，从来都不是靠考核和激励个体而产生的，当教师感受到了美好和幸福，效能就有了保障。」

第六章　如何引导家庭构建支持性系统　│143

「如果做家庭教育，或许需要很多"技术性"支持，但是并非所有的家长都具有"技术能力"，在这种背景下，家庭如何才能支撑起"教育"的大厦呢？那就是构建一种让每个家庭成员都彼此仰望的支持性系统。而这个支持性系统的构建，往往从学校开始，从班级开始……」

下篇　科学，赋能高品

无论怎样，一所高品质的学校肯定绕不开分数。所以，让学生"学得好"是高品质学校最重要的品质之一。而如何才能让学生学得好，则是一门科学。关于这门科学，在这里……

第七章　新生态构建与新质发展　│153

「美国心理学家简·尼尔森说："当孩子感受到爱、归属和自我价值感时，他们就有了开发自己的全部潜能，从而成为一个快乐、对社会有所贡献的人的基础。"我们一直走在让孩子感受到爱、归属和自我价值的路上，也取得了丰硕的成果。但如果有新质的发展，就必须构建新的生态关系来支撑。」

第八章　为成长提供持续的动力系统　|185

「如果我问您：考前的百日誓师有用吗？您肯定会说有用。

那您对照一下活动前和活动后学生的状态，尤其是一周后，您还会那么理直气壮地说有用吗？任何时候，都不能脱离人最基本的心理特点而幻想美好。尊重科学，是教育人的基本态度。」

尾声　数据，高品实绩　|215

「一所高品质的学校，靠的不是评选，而是实实在在的落地策略和最后的数据展现。如果说上、中、下三篇是具体操作的展示，现在，请数据出场，告诉您高品质学校的模样……」

后记　十年一梦　|221

上篇

优秀，权作序章

做该做的事，才会出效果。当下学校突围的关键是寻找教育的"公共性使命"，找到学校"该做的事"，也就找到了学校高品质发展的核心密码。当然，它有一个重要的前提，基于以班级为细胞单位的学校，首先班主任得具有把班级带成优秀班级的能力，没有这个做基础，构建高品质学校就是空谈。本篇，是高品质学校的序章——把班级带优秀。

第一章
学校高品质发展的必由之路

　　不可否认，每位有理想的校长，每位有理想的教育人都在探索教育该往哪里走，学校该往哪里走；怎样的教育才是好的教育，怎样的教育才是高品质的教育。而这一系列问题的回答，不是来自大脑的想象，不是靠"创特色""玩概念"，因为"结果"不会骗人，只有经过"困难"探索，才能找到发展的路。

第一节　现行学校发展的公共性困境

在序言里，笔者有一个问题没有回答：教师的专业发展方向是什么？因为"专业"的存在大多数时候是用来解决问题和探索新知的。所以，回答这个问题就有必要从当下学校发展的困境出发。

那么，当下学校发展存在哪些困境呢？我们看图1-1。

图1-1　学校发展的困境

这张图片所列内容，应该就是当下学校发展所面临的重要的问题吧。

第一种是心理安全问题。2024年3月26日，教育部明确，2024年将以"学生身心健康促进年"为牵引，综合施策，着力破解学生心理健康方面的突出问题，切实提升学生身心健康水平。

"密集"的国家行动背后，是青少年"心"问题的亟待求解。

2023年10月10日，在北京发布的《2023年度中国精神心理健康》蓝皮书显示：作为全社会的关注重点——学生群体，面临着学业、就业等压力的增大，心理健康问题日益突出，且呈低龄趋势。

报告显示从小学生到高中生出现了抑郁的情况，由此而导致的极端事件更是给学校的发展带来了极大挑战。更让人揪心的是，一旦孩子出现了心理问题，似乎还难以找到解决的路径。俗话说，不怕你有病，就怕没医生。而心理问题的可怕在于，严重缺乏解决的办法。所以，很多学校就轻率地让家长把孩子领回家去。领回家就能解决问题吗？还有就是送进医院。

第二种是学生的内驱力缺乏。著名企业家埃隆·马斯克曾在演讲中说："令人忧虑的是今天孩子学习和进步的动力，几乎全部来自外在压力和奖励。结果是他们既不会有宏伟的目标，也不会有坚韧不拔的毅力。这样的未来我都不愿意去想象。我相信只要有足够的内驱力，普通的孩子也可以取得非凡成就。"问题是现在很多孩子呈现出的是这样的状态：没有学习的动力，能够完成老师或家长安排的任务就不错了，"混日子"倒成了常态；缺乏自我价值感和目标。所以，学生的学习成为了非常被动的事情。

第三种是校园暴力。我们会在新闻上看到有关校园暴力的报道。无论是无形的排挤，还是恶意的造谣、辱骂，都无声地侵蚀着学生们的心理健康。

第四种是教师职业倦怠。校长们往往把关注的视角聚焦在学生身上，殊不知，教师的心理问题、职业倦怠等问题也十分严重。教师职业倦怠有三个层面的表现：

（1）情绪衰竭。即个体情绪和情感处于极度疲劳状态，情感资源枯竭，工作热情完全丧失。作为一线校长和教师，对此有比较深刻的认知。

（2）去人性化。即以个人消极、否定、麻木不仁的态度和情感对待学生。可能由于情绪衰竭，不少教师对待学生缺少了应有的爱和温暖，躺平和无所谓在不少教师的身上蔓延。

（3）个人成就感降低。即个体对工作的意义和价值评价下降，自我效能感丧失，在工作中体会不到成就感，就不愿付出努力。

这三种表现，在现代校园中并不少见。根据2023年的《教师职业倦怠调查》显示：通过评估教师的工作热情、满意度和精力等指标，发现约70%的教师存在不同程度的职业倦怠。其中，中小学教师倦怠情况更为突出，占比达到80%以上。如此严峻的倦怠问题，教育这项事业又如何能做好？学校又如何能够发展好？

第五种是家校关系紧张。因为学校的焦虑容易转移给教师，教师的焦虑容易转移给学生，学校的焦虑间接导致学生产生心理问题，加上不少学生的躺平心理等，与家长的高期望直接形成冲突，家校关系自然就是紧张。当然这里也存在教育行为不当，家校协同的通道没有打通好等原因。我们自然知道，没有家校关系的协同，高品质的教育就不可能出现。

第六种是突围路径的逼仄。目前学校的突围方式无外乎三种：第一种是开发特色课程，以"特色"立校，让"特色"为学校赢得名声；第二种是文化设计，让校园文化的新颖、体系、时尚等为学校赢得名声；第三种是现代技术运用，让先进的教育教学设备进校园，以科技立校，为学校赢得名声。但是，这几项的共同性在于在某种程度为学校"赢得名声"，而不是为学生的长远发展赢得更大的可能，为社会发展培育人才。除此之外，学校突围的路又在哪里？很逼仄！

还有一点，尤为重要。因为教育理念说得再好，学校评价一个教师时分数是大头、上级评价一所学校时分数是重心、社会评价一个教师、一所学校、一个区域的教育时，所谓的教育质量核心还是分数。因此，分数是最绕不开的重中之重。

如若针对某一个方面探讨解决的办法，恐怕每一个都是相当大的课题，而我们又会陷入"解决问题"的思维之中。所谓"解决问题"的思维就是一种等问题出现了再思考如何解决。殊不知，您解决得再好，问题都已经发生了。正如心理问题，您不能等孩子出现心理问题再思考如何解决问题；在好的教育生态里，心理问题不会发生。所以，构建好的教育生态才是工作的重心。从这个角度来看，正如"今天的麻烦永远都解决不完，我们要解决的是明天的问题"是很有道理的。所有当下的作为，都是为了将来问题的不出现，而不是把重心放在如何去解决问题上。

想起了前段时间和一个朋友的交流。朋友说："'因材施教'是千古不变的真理，任何时候都要根据不同的'材料'实施不同的教育方式。"我说："教育的繁与简，区别就在于思维模式的不同。如果你把人看作'材'，不同的人就是不同的'材'，它需要不同的教育方式来对待；而如果我们回归到'人'，而非'材'来看教育，教育就简单了。所以，先解决'人'的公共性问题，才是教育的开始；公共性问题解决了，才是因材施教的问题。"

有没有一种方法可以将上述所有的困难一下子解决？

第二节　一键解决所有困难

如果不做本节的分析，上节结束时的问题会成为笑谈，因为这简直是一种幻想。有时候，梦还是要做的，万一梦想实现了呢？

金庸《笑傲江湖》第十章"传剑"中有这样一个片段：

令狐冲一惊，收剑而立，向风清扬道："太师叔，我这乱挥乱削的剑法，能挡得住他（田伯光）的快刀吗？"

风清扬摇头道："挡不住，还差得远呢！"

令狐冲惊道："挡不住？"

风清扬道："要挡，自然挡不住，可是你何必要挡？"

很多时候，我们的教育思维就是"要挡"，往往很多问题又是因为"挡不住"才导致了更多问题的出现，例如，教师的职业倦怠。

金庸接着写道：

（令狐冲）突然睁开眼来，道："太师叔，徒孙尚有一事未明，何以这种种变化，尽是进手招数，只攻不守？"

风清扬道："独孤九剑，有进无退！招招都是进攻，攻敌之不得不守，自己当然不用守了。"

这就等于告诉我们，只要我们找到了"进攻"的路，在教育中充分发挥主观能动性，就根本不用考虑上节提到的那些困境，因为"敌人"（教育中的问题）会因为我们的主动"进攻"而不得不"后退"，你又何必思考该如何"守"呢？正如当我们全身心在听一场讲座的时候，你会玩手机吗？你还用考虑如何控制自己玩手机吗？用不着！所以，让教育简约起来的方法就是思考您当下在做的这件事有多大效能以及如何让效能最大化使它能够在最大程度上带动学生，而不是去考虑"我只做了这件事，还有很多事情没有做"这类的问题。

那么，怎样的事情，才是我们寻找的高效能的"一剑"呢？

请允许我宕开一笔，请大家跟我一起思考：为什么自己下定了决心却用自己的行动打了自己的脸？

很多时候，我们犯了错或者做错事之后，总会后悔不已，总会下决心要改。而事实上，我们改掉了多少。如果下决心能那么轻易地改掉不足，人完美起来的速度该有多快啊！那么，我们有没有思考过，为什么会这样？

心理学研究表明：一个人的心理结构，其内在的结构，从表层到深层都具有相当的稳定性。即使外部条件有了某些改变，例如，父母的责备、老师的鼓励等，人物的心理在表层也可能做出一些调节，例如，痛下决心、用功读书之类，但是其深层是超稳定的，表层的一般调节不会影响到深层的稳定。因而表层的调节，尽管是真诚的，但不用多久，就会被深层结构的反调节所消解。（出自孙绍振的《文学性讲演录》）

到此，您就会明白，不是您不想改变，而是人的内在心理结构就注定了难以改变，自然，这也就解答了学生为什么会"屡教不改"的问题。

可能有人会问：既然如此，那我们的教育还有什么用呢？因为我们的教育根本就改变不了人啊？事实并非如此！您一定听说过一句话：连续21

天重复同一种行为能形成一种习惯，连续90天重复同一种行为能形成一种稳定的习惯。这是行为心理学的核心主张之一。这句话有两个关键词：同一种行为、连续。两个要素失却了任何一个都很难改变，也就是说就很难取得教育效果。试想，我们所谓培养学生的好习惯，成功了吗？如果我们的学生具备了"不迟到"和"按时交作业"两个习惯，他能差到哪里去？给我们教育带来挑战的"学困生"是不是这两个习惯都没有？违背最基本的心理学原理去工作，微效甚至无效都再正常不过了。

问题又来了：我们有可能对学生连续90天施加同一种影响吗？不可能！

该怎么办？各位一定见过腌咸菜的，把萝卜、白菜放入咸菜缸里，调制的汤汁就能浸润萝卜、白菜的表层，慢慢渗透到内里，以致完全腌制成我们想要的口味。

这种被调制的汤汁，不就是咸菜的生活环境吗？所以，杜威先生在《民主主义与教育》中说："他们（学生—笔者注）在什么环境下活动，就在什么环境下思考和感受，我们从来都不会直接施教，而是通过环境间接施教。"

这是大家都熟悉的一段论述，也是被很多人引用了的。但不是因为名人说了怎样就怎样，而是具有真实的科学依据的。杜威先生为什么会说"我们从来都不会直接施教"呢？因为您讲的道理学生都懂，因为学生的心理结构决定了直接讲道理没有用。

所以，杜威接着论述道："教育者所要做的事情就是提供适当的环境，使不断向外拓展的经验可以得到硕果累累的报偿，并且能保持持续不断的积极主动性。"

这段论述有三层意思：一是教师该做的事情就是为学生的发展提供适当的环境；二是如果教育者提供了适当的环境，一定能取得硕果累累的报偿；三是这种环境能给予学生持续不断的主动性，让学生具有一生中最为宝贵的品质之一——进取心。

诚然，我们这本书的出现，也正是硕果累累之后的思考与呈现。

到此，有两个问题就会很急切地摆在我们面前：

硕果累累的报偿，包括哪些报偿？

怎样的环境才是杜威所说的"适当"的环境？

第三节 高品质学校的特征及其抵达方向

高品质学校，一定是能够获得硕果累累的报偿的。这种高品质不是大楼的现代化、不是现代教育技术的运用、不是文化打造得多么高端，而是关于学生成长、教师幸福、学校影响提升、家庭关系和谐等方面的"硕果累累"。倘教育的高品质不能关乎与学生成长相关的生态系统中的所有人的收获，这种高品质就是值得商榷了。

高品质学校应该具有哪些特征呢？

第一，高品质的学校应该是温暖美好的学校。一所高品质的学校一定是充满爱和温暖的学校。在这样的生态环境里，生生相爱、师生相爱、师师相爱、家校相爱、家庭成员相爱。因为爱，每个学生都可以被看得见，都可以被温暖到，所以心理问题、学生矛盾、校园暴力等问题不再出现；因为爱，师生之间关系美好，因为爱上老师，所以孩子爱上学习，因为爱上孩子，所以教师爱上教育，因为师生相爱，所以教师能获得职业幸福；因为爱，教师之间相互温暖、相互帮助、相互成全；因为相爱，所以家校之间为了孩子形成合力；因为爱的影响，家庭关系变得和谐而美好，形成一家人相互支持相互仰望的姿态。总之，温暖美好的学校，就是人人都感受美好，人人都释放美好，人人都创造美好。

第二，高品质的学校应该是科学共育的学校。这里我们特别强调"科学"二字。2023年1月13日，教育部等十三部门发布《关于健全学校家庭社会协同育人机制的意见》。协同育人被重视起来，尤其是家校协同也轰轰烈烈地开展。但是"协同"不等于简单的配合，更不等同于沟通，而应该在理念一致的前提下，家校相互配合，从而构建起影响或教育孩子更大的教育场。所以，高品质学校肯定是家校共育的学校，但前提是家校一定能够达成理念的一致，然后才可能是行动方向的一致，才能够真正为孩子创设更广阔的成长的场。而理念一致的前提就是尊重教育的"科学"，找寻到教育该做的事情。高品质学校之所以被称作"高品质"，就在于能够尊重"科学"，并采用科学的方法来实施教育。在这样的学校，学校知道离开了家长教育效果就会下降，家长明白离开了学校自己的孩子就不可能教育好，家校协同是共识，是行动，是场的构建，是教育效果的保障。

第三，高品质的学校应该是十分简约的学校。《道德经》有言："万物之始，大道至简，衍化至繁。"意思是万物最开始的时候，一切都是最简单的，经过衍化后变得复杂。当下教育之所以繁杂，是因为"衍化至繁"。因为衍化至繁，所以我们反而忘却了其"始"在哪里。正如我们常说的，一直忙着赶路，而忘记了从何出发。前文我们也提到过，如果你把人看作是"材"，人就是不同的，就需要针对不同的情况实施不同方法的教育；而如果把人看作是"人"，那么，教育就简单了，我们只需要培养具有最基本的人的特性的人即可。所以，当我们的思维回归的时候，一切也就简单了。高品质的学校，是一所能够回望来处的学校，是一所能够化繁为简的学校，是一所能够抓住根本开展工作，简约而高效的学校。在这样的学校里，教师的工作负担得到减轻、教育重心得以明确。因为教育重心明确，自然教育效果也就好了起来。而"现在教育工作者工作的基本现实是：在丧失了'公共性使命'的状况下忙于应付各种繁杂工作。具有讽刺意味的是丧失了'公共性使命'的教育者们越是忙于作为公仆的繁杂的工作，就越陷入丧失保障其工作意义和价值的专业性危机。"（出自梅洪建的作品《简约的力量》）高品质的学校因为能够解决教育者的"公共性使命"，所以能够以"十分简约"为特征。

第四，高品质的学校应该是学业优秀的学校。虽然分数不是一切，但不可否认的事实是学校评价老师、社会评价学校，分数依然是重中之重。分数当然不能决定一切，但如果一所学校自称高品质学校却没有优秀的学业成绩，肯定是无法立足的。无论评价多么多元、社会多么包容，没有优秀的学业成绩的学校肯定称不上高品质学校。高品质学校不会只关注成绩，因为只关注成绩的做法只能是学校将压力传递给教师，教师把焦虑传递给学生，学生的焦虑就会产生问题。如果把人"激活"了，人就有了主动学习的心理，当人主动了，优异的学业成绩便是自然的结果。

第五，高品质的学校应该是动力持续的学校。杜威先生在其《民主主义与教育》中谈到："学校教育的价值及其标准，就是看其能否实现持续成长的愿望，能够提供实现这种愿望的方法""教育过程就是一个持续不断的成长过程，每个成长阶段的目的都是为了增强成长能力。"从此种意义上讲，把教育看作为某种将来的职责或权益所做的准备、把教育看作进行某些官能的训练等，是有失偏颇的。教育即促进生命成长，是高品质学校的坚守之一。所以，高品质的学校，一定是一所学生在校时成长愿望强烈的学校，学生离开了学校依然能够保持进取心。当人具有了向上的动力，他就具备了成为最好的自己的资本；当学校能够使学生具备了成为最好的自己的资本的时候，它一定就是高品质的学校。

当然，一定会有朋友说咱们交流的五个特征，基本上是空中楼阁。从逻辑学上讲，如果每个人都认为是可以实现的，每个人似乎都可以做到。达成五个特征是高品质学校的使命；而介绍好怎样让"使命必达"是这本书的使命，也是我们的实验学校和实验区的使命，更是追求高品质学校的你我的共同使命。

如果把理想变为现实，我们需要回答上一节最后留下的第二个问题：怎样的环境才是杜威先生所说的"适当"的环境？因为"适当"环境的打造，是"使命必达"之路，也是高品质学校应有的工作重心。

那么，高品质学校应有的工作重心是什么？

第四节　高品质学校应有的工作重心

　　杜威先生所说的"适当"的环境，其实就是能够解决当下学校面临的困境的环境，而这种环境的打造就是高品质学校的工作重心。

　　为了更好地回答问题，请允许我分享一段文字——

　　一位在德国纳粹集中营的幸存者，战后到了美国，做了中学的校长。每当新教师来到学校，他都会交给新教师一封信。信中这样写道：

　　"亲爱的老师，我是一名纳粹集中营的幸存者，我亲眼看到了人类不应当见到的情境：毒气室由学有专长的工程师建造；儿童被学识渊博的医生毒死；幼儿被训练有素的护士杀害；妇女和婴儿被受过高中或大学教育的士兵枪杀。看到这一切，我疑惑了：教育究竟是为了什么？

　　我的请求是：请你帮助学生成长为具有人性的人。你们的努力决不应当被用于创造学识渊博的怪物、多才多艺的变态狂、受过高等教育的屠夫。只有在使我们的孩子具有人性的情况下，读写算的能力才有其价值。（出自阿列克谢耶维奇的《切尔诺贝利的回忆：核灾难口述史》）

　　笔者分享这段文字的目的，不是想说成才先成人的问题，而是想强调我们一定要培育有人性的人。如果我们培养的对象失却了人性，阿列克谢耶维奇笔下的"学识渊博的怪物、多才多艺的变态狂、受过高等教育的屠夫"等的出现都不是意外。当然在这段文字的语言背景中，我们也没有必要去讨论人性本善还是人性本恶的问题，这样的语言背景告诉我们：人性是善良的。

如果我们的学生是善良的，他就会温暖周围的每个人，周围的每个人都会因为他的存在而感到幸福；同样，如果周围的每个人都向某个个体释放温暖和爱，这个个体就会沐浴在幸福中。

我们再去追问：什么才是温暖了别人？

我冷了，你给我送衣是暖；下雨了，你为我撑开的伞是暖；进步了，你给我的喝彩是暖；困难了，你伸过来的手是暖……它们的共同特征就是"我能够被看得见"。是的，真正的爱和温暖别人，就是能够看得见别人的好，帮得了别人的困。如果每个人都被看得见，那么每个人都可以有归属感和价值感。因为归属感的本质就是被看得见，而价值感的本质就是还有希望。因为我的好你看得见、说得出，我就可以获得力量，我就可以怀有希望；如果我的好你们都看得见、说得出，我就可以一直获得力量，我就可以一直怀有希望。

试问：常见的心理问题是怎样产生的？是不是归属感和价值感的缺失？

试问：因何没有学习的动力？是不是没有人给予希望？

试问：校园为什么会有欺凌？是不是因为有人不够善？

试问：教师为什么会职业倦怠？是不是因为很多好没有被看见和表达出来？

试问：家校关系为什么会紧张？是不是教师的好没被看见、孩子的进步没被看见、家长的困难没被看见？

试问：如果一个校园的每学生、教师、员工、家长等，都可以获得归属感和价值感，学校的突围之路还会逼仄吗？

说到这里，特别想和大家分享两段文字，笔者不做解读，各位自己体会。

善没有对立面。我们大多数人都把善看作恶的对立面，因此在整个历史中，在每一种文化里，善都被认为是野蛮的反面。所以人类总是为了善而与恶进行斗争。但是只要有任何形式的暴力或斗争，善就永远不会到来。（出自克里希娜穆提的《教育就是解放心灵》）

任何带有拯救名义的教育，其实都默认一个前提：这孩子需要拯救。指出孩子的错误比指出正确要容易得多，这很具有讽刺性。但是，如果我们希望孩子在成长的过程中对自己有信心，我们就需要利用每个机会强调他们积极的一面，避免使用贬低性的言辞。（出自海姆·G.吉诺特的《孩子，把你的手给我》）

为进一步说明问题，请允许我引用简·尼尔森《正面管教》中的一段文字。

所有人的首要愿望都是感觉到归属感和自我价值感。每个人都在寻求得到归属和实现自我价值的方式。如果你的孩子认为自己没有人爱或没有归属，他们通常就会尝试一些方法来赢回别人的爱，或者为了扳平而伤害别人……当孩子觉得自己没人爱或不重要的时候，他们往往会以错误的方式寻求归属和自我价值感。我们称为"四个错误行为目的"，包括寻求过度关注、寻求权力、报复、认为自己能力不够……

归属感和价值感的缺失，是否成为我们常见的学生问题出现的根本原因？

这些问题的出现是否让我们疲于奔命，但很多时候却无济于事？

我们面临各式各样问题的时候，是否总是把工作的重心放在如何解决已经出现的问题上，而不是把工作重心放在思考如何不让问题发生上？

行文至此，想起来梅洪建老师在《简约的力量》一书中有这样的文字：

梓是个很灵活的人，他用自己的问询岔开了尴尬："俗话说，一颗猫屎可以毁掉一锅粥，我们班有三个兴风作浪的学生就耗尽了我大部分精力。梅老师，您说我该怎么办？"

"你班上总共有多少学生？"

"50个。"

"你为什么不把大部分精力花在另外47个学生身上，却在3个学生身上花费这么大精力？"我的问询，让梓愣住了。但只是短暂的一瞬。"因为一颗猫屎是可以毁掉一锅粥的啊，何况是三颗！"自然，梓没有任何看不起自己学生的意思，只是做了一个或许不恰当的比喻而已。

"你想想，为什么一颗猫屎可以毁掉一锅粥？或者说，一颗猫屎毁掉一锅粥的前提是什么？"我的追问，在他看来有些冷。

亲爱的朋友们，此刻，请停住您的眼神，想想一颗猫屎毁掉一锅粥的前提是什么？

我知道梓没有想过这个问题，就只好主动谈了自己的理解。一颗猫屎可以毁掉一锅粥的前提是这锅粥是稀粥，而且越稀就越容易被毁掉；如果这锅粥可以变得浓厚些，它毁掉的仅仅是个局部；如果粥可以坚硬到如馒头，即使上面有一颗猫屎，把猫屎下面的那一块拧掉，依然可以吃。因为她并没有影响到粥的内部。如果你把粥逐渐变得稠了，你还怕猫屎吗？回到你的班级，如果你凝聚了那47个学生，其余的3个学生还有兴风作浪的空间吗？

其实，梅老师后续说的熬粥，就是打造满足学生归属感和价值感的教育环境。

可能还是会有不少朋友不放心，尤其是认为学业成绩的优异不可能实现，因为上述只是侧重了心理安全和问题的解决，对"归属感和价值感"的满足能解决成绩问题持怀疑态度，暂且不表，后几个章节用事实来说话，这里我们先用理论来阐释。马兰教授在《掌握学习与合作学习的若干比较》一文中提到：

只有满足学生对归属感和影响力的需要，他们才会感到学习是有意义的，才会愿意学，才会学得好。

"学得好"必须以"愿意学"为前提，而"愿意学"的前提是学生们感受到"学习有意义"，"学习有意义"的前提是满足"学生对归属感和影响力的需要"。而这里马教授所提到的"影响力"就是我们通常所说的价值感。

至此，我相信各位一定明白了杜威先生所说的"适当的环境"是怎样的环境，那就是满足教育场域中所有人的归属感和价值感的教育环境。这样的环境不单能解决先行教育中的困境，能让工作变得轻松，还能够让学校真正走向高品质。

那么，这样的教育环境该如何打造呢？后续的章节，我们将以实例为基础，为您详细介绍。

只是，打造这样的环境，或者我们所说的教育生态关系，是需要一些能力的。当我们还没有这份能力的时候，一所学校最重要的一个细胞单位——班级是需要带稳的。正如建造一栋高楼，是以打好地基做基础的。或许，这就是佐藤学先生说"静悄悄的教育革命往往是从一间间教室萌发的"理由之一吧。

第二章

班级优秀是高品质
学校建设的最大前提

　　班级是学校的基本单位，也是学校行政管理的最基层组织，是现代最具代表性的教育形态。如果一个学校连最基本的单位都不优秀，就不可能会有学校的优秀；如果一个学校所有班级都优秀，这个学校肯定是优秀的。所以，高品质学校的建设，最大的前提是让班级优秀起来。

第一节　半小时学一种把班级带优秀的方法

下面这张图（图2-1），各位是不是特别熟悉？

挂牌1 （班名）	挂牌2 （班徽）	挂牌3 （班训）
挂牌4 （班约）	挂牌5 （班服）	挂牌6 （班旗）
挂牌7 （班歌）	挂牌8 （班誓）	挂牌× （班×）

图2-1　品牌班级建设

是的，这就是通常所使用的打造班级文化或者"品牌班级"的一套操作系统。在一线做班主任的教师明白，即使这套系统用心设计得非常好了，但对带好班级无益，因为很少有人思考运用之后没有带好班级的原因。

我们知道，一个单位的文化，一般由三个部分组成：

（1）Mind Identity，简称MI：是整个企业文化的灵魂，是核心目标。如果置换为班级，就是班级目标。

（2）Behavior Identity，简称BI：是企业文化的行为体现，是行为系统。置换为班级，就是这个班级里孩子们的行为表现。

（3）Visual Identity，简称VI：是企业的容貌系统，或者标识系统。如果置换为班级，就是区别这个班级和那个班级的显性标志，例如，叫作一班还是二班。

以此来对照上图，您会发现一个悖论：班级的行为系统才是班级文化的核心，但是表格呈现的内容基本上是标识系统。这就是很多时候，我们带不好班的原因之一。

所以，以下几条基本的认知还是需要的。

第一，"品"首先是比较的绝对优势。例如，华为，我们可以说是品牌手机，说它是品牌，因为家喻户晓。国内生产手机的企业多如牛毛，每个企业都有它的企业名称、文化等一系列类似打造"品牌班级"所涉及的东西。它们生产的手机为何没有成为品牌手机呢？因为它们与别的手机相比，没有绝对的优势。

第二，"品"其实是众口流传的显现。"品"字由三个"口"构成，古代"三"为众多的意思，所以，如果有"品"，自然会有众口流传的结果。自然大家也能够明白，如果一个产品有了比较的绝对优势，自然也就会众口流传。

第三，"品"是加速度的生长与生成。这点其实不难理解，因为一个品牌企业会拥有诸多品牌，如餐饮品牌企业"外婆家"，其菜的品质、上菜的速度、服务的态度等，都是很多餐饮企业难以比肩的。正是这些要素的组合才成就了"外婆家"这个品牌企业。如果它的菜的品质好，就会形成一定的口碑；再加上上菜速度快，又可以形成一定的口碑。我们知道，从0到1难，而从1到2或者3就简单多了，因为从0到1是白手起家，而从1到2或3是有了铺垫。所以，如果有了菜的品质、上菜的速度、服务的态度这几个方面的口碑，它形成品牌企业的速度就会快很多。

第四，品牌是基于"品"成于"牌"的过程。这个更容易理解。因为这一个方面好，那一个方面也好，诸多方面都形成了口碑，自然这个企业就能形成品牌企业。

这里有必要给朋友们介绍一下"破窗理论"，因为它和我们的品牌班级建设有极大的关系。

美国心理学家詹巴斗曾做过一项试验：他找来两辆一模一样的汽车，一辆停在比较杂乱的街区，另一辆停在中产阶级社区。他把停在杂乱街区的那辆汽车的车牌摘掉，顶棚打开，结果一天之内汽车就被人偷走了。而摆在中产阶级社区的那辆汽车过了一个星期仍安然无恙。后来，詹巴斗用锤子把这辆汽车的玻璃敲了个大洞，结果仅过了几个小时它就不见了。后来，政治学家威尔逊和犯罪学家凯琳依托这项试验，提出了"破窗理论"。该理论认为：如果有人打碎了一个建筑物的窗户玻璃，而这扇窗户又未及时修理，别人就可能受到暗示性的纵容去打碎更多的窗户玻璃。久而久之，这些破窗户就给人造成一种无序的感觉。在这种公众习以为常的氛围中，犯罪就会滋生、蔓延。

很多人看到"破窗理论"，首先想到的是如何防止"第一块玻璃"被打碎或如何尽快修复"第一块被打碎的玻璃"，而忽视了对它的倒用。

如何倒用"破窗理论"呢？纽约警察布拉顿可以说是"鼻祖"。当时纽约地铁站被认为是"可以为所欲为、无法无天的场所"，针对地铁犯罪率飙升、重大刑案不断增加的情况，布拉顿没有全面出击，而是全力打击逃票。结果，从抓逃票开始，地铁站的犯罪率竟然逐渐下降，治安状况开始好转。若把整个纽约地铁当作完全打碎的玻璃窗，布拉顿的做法是"补窗"，补一块玻璃，窗户上就多了一块玻璃，慢慢地补，就可以逐渐将窗户补完整。

品牌班级的打造过程与此类似。在打造之前，班级在"品牌"方面肯定一无所有，就像一个窗户，一块玻璃也没有。那么我们可以"白手起家"，打造一个个小的班级品牌，也就是补一块玻璃；然后依次补下去，最后让诸多班级品牌汇聚出品牌班级。

那么，第一块玻璃是补哪里好呢？也就是班级的第一块品牌该如何选择呢？

我们不能忘记的是，"品"首先是比较的绝对优势"，这就要求我们去分析"你我他"。也就是说，要找到自己的优势，用自己的长处战胜别人的不足，这需要从三个层面去理解：①和别人比较之后，发现自己的真正优势；②分析别人之后，发现了别人的不足，而我稍微努力是可以弥补的部分；③实在找不到优势，可以"无中生有"去制造优势。

例如，我在带高二（7）班的时候发现，我们学校30分钟的早读，所有的班级出声时间都不会超过15分钟，一般是早读10分钟之后整个校园是一天中最安静的时刻。这就是我分析别人之后，发现的别人的不足。而我们班只要稍微努力，就可以让我班的早读声音成为学校最安静时刻的最响亮的声音。我们自然就会成为别人关注的焦点。一开始可能会有人说我们就会扯嗓子瞎喊，只要坚持一个星期，正面评价和赞扬就会出现。所以，我们选的第一块品牌就是早读品牌。当早读成为了我们的品牌之后，也就会众口流传了。

所以，品牌的打造一定要从自己最容易获胜的开始。第二至后续每块品牌自然要遵循的是由易到难的节奏。

那么，一个学期需要打造几个品牌才合适呢？

前文有述，从0到1很难，而从1到2再到3等，会越来越容易。如果这样不好理解，咱们就以一个教师的专业发展路为例。很多教师会感觉到工作很累，原因无非有二：一是工作繁忙让自己疲于奔命；二是感觉不到职业幸福让自己精神劳累。其实，如果一名教师在某个阶段真正去埋头工作、认真实践、勤于思考，他一定能做出一定的成绩，他就会发出光；发出光别人就可以看到他，看到他的人越多，帮助他的人就越多，他的专业能力就越强；他的专业能力越强，发出的光亮就越大；发出的光亮越大，看到他的人就更多，帮助他的人就更多，他的专业能力也就更强；他专业能力更强，工作就会更轻松，工作更轻松他的职业幸福感就会更强；他的职业幸福感更强，也更会爱这份职业，因为更爱这份职业，所以他也会更加勤奋……这就是正能循环逻辑。如果第一步没有迈开，就会陷入负能循环逻辑。

也就是说，我们打造的第一块班级品牌是最不容易的，正常时间节奏是3周左右。（延续时间段是困难的重要表征之一）第二块品牌大约在5周，第三块品牌大约在7周，第四块品牌大约在9周。也就是说，打造四块品牌需要的时间大约是24周，不到6个月的时间。也就是说，一个学期最多打造4个品牌就足够了。这就是班级品牌加速度的生成与生长的意义。

当一个个品牌的组合，把一个"破碎的窗户"补好了，是不是我们的班级就是品牌班级了呢？

此时，您最想问的一定是：为什么这么做就可以把班级做成品牌班级？就可以把班级带成优秀？

第二节 为什么用半小时所学就可以成就品牌班级

"知为行之始，行为知之成"，如果不能解释清楚为什么这样可以把班级带成优秀，朋友们的行动就会大打折扣。正如我们所谓的尊重学生，不是认为让学生做哪些事情就是尊重，而是要把为什么这么做，这么做有什么前景说清楚，学生才会愿意按照我们说的去做；我们说明得越清楚，逻辑性越强，学生的执行力就越强。

所以，这里有必要向各位解释清楚。

第一，能让学生看到现实效果，收获是收获之母。列位是明白的，我们选择第一块品牌以致后面每块品牌选择的基本思维就是发掘自己的优势，把优势的更优化当作品牌，而不是拿自己的不足去和别人相比。为了更好地说明问题，笔者仍以"早读品牌"为例。因为具有上面我们交流的品牌班级打造的基本思维，所以在品牌班级打造的启动仪式上，我告诉学生说："我可以让咱们两周之内成为学校的焦点班，在半个学期之内成为咱们学校的网红班，在一个学期之内成为咱们学校进步幅度最大的班。"当发现我们"学校30分钟的早读，所有的班级出声时间都不会超过15分钟，一般是早读10分钟之后整个校园是一天中最安静的时刻"这一现象之后，我就告诉孩子们我们要把早读品牌作为我们班的第一块品牌。"只要我们有尊严、有信心，我们就一定能够实现。"可想而知，黎明整个校园都静悄悄的时候，只有我们班激情昂扬的声音在校园里回荡。

当初我们许下的诺言，成为了现实，而成为了现实就会进一步增强班级信心，班级信心增强了就会进一步带来精神的振奋。这样班级发展就会进入正向循环中。

心理学中有一种现象叫优势性伤害，也就是说，别人的优势可能会对自己造成伤害。例如，一个家族中如果有一个小孩上了清华北大，其他孩子就不会好过，因为总是被比较。带班一样，如果您拿自己班级的不足去比较别人的优势，美其名曰凭什么我们比别人差，我们只要努力一定能追赶上别人。其结果往往是越比越差，因为信心总是被打击。如果我们拿自己的优势去比较别人的不足，就会因为优势赢得自信、积累自信，从而创造优秀。

所以，第一块品牌成为现实就会增强班级的自信、增强班级的自尊、增强班级的凝聚力和提升精气神，才会有信心奔赴第二块品牌。

第二，因为感受了"品"的味道，价值是动力之源。 班级品牌的实现过程，伴随的是外界对我们的评价。

例如，我们的早读品牌建设，当安静的校园里，只有我班声音在回荡的时候，自然，从第一天开始，就引起了别人的关注。当然，这份关注里面涵盖的更多的是对我们的嘲笑。当我们坚持了一个星期之后，大家就开始疑惑：这个班的早读怎么这么好，这么有激情？校长和其他班主任也开始问询：为什么你们班早读这么好？这可是咱们学校的"老大难"问题啊！作为班主任我也不会"介绍经验"，而是说"您或者您派班干部到我们看看去吧"。其实，他们"参观"的人越多，我们的自豪感就会增强，效果反而会更好。这就是"品"的味道，因为这里的"品"就是别人的言论。借助别人的言论增强自己班级的凝聚力、自信心和自豪感、内动力，这就会进入正向循环中。

第三，因为动态避免了枯燥，让班级情绪一直处于自信的高昂的状态之中。一线班主任一定有这样的感受：接手一个新班，第一周非常好，第一个月也不错，期中考试之后劲头儿就会下降，到了下个学期就开始出现各种问题，这几乎是一线班主任的共同遭遇。新手班主任也一定会被"师父"或者老班主任告诉过这样的事情：新接手一个班，一定要尽快引班级"上路"，理由是"好的开端是成功的一半"，如果不能在起始时候把班级管好，后续就很难管好。

但当"新手班主任"成为"一线班主任"之后，二者的冲突就来了，为什么"好的开端"还会遭遇由好变"不理想"的循环呢？

各位试想：如果班规、班委等建制完成之后，班级的行走路线就变成了班委执行班规的过程（大体如此），班级就缺少了变化，缺少了变化就缺少了新鲜感，缺少了新鲜感也就缺少了激情和动力。这是一种"一眼就望到底的人生"。"文似看山不喜平"，起伏曲折处才有魅力，处处风景异样才有激情。我们一个阶段更换一个品牌，一个品牌的打造过程，不能忘记的是，任何一个品牌都是拿自己的优势比别人的不足，打造一个品牌就能成功一个品牌，就能增强自己班级的凝聚力、自信心和自豪感、内动力，它能确保全班同学激情满怀地朝一个目标奔赴。当一个品牌实现之后，也就是成为众人羡慕的焦点之后，又转向第二个品牌，自然也就能够令学生全力以赴、激情满怀地奔赴第二个品牌……如此下去，一个品牌组合的实现，我们的班级不就是品牌班级了吗？班级不就优秀起来了吗？最关键的是，这个过程是伴随着自信的不断累积、凝聚的不断增强、幸福的不断丰盈、情绪一直兴奋而愉悦。

如此带班，可以轻松实现班级的优秀，这是被我们的实验学校和实验班、实验区证明了的。

当然，这里您不用考虑学业成绩问题，因为人被"激活"了，成绩自然提升。因为学生愿意学，才是学得好的最大前提。

如果一所学校每个班级都能够如此优秀，咱们的学校是不是也优秀起来了？

如此带班，简约但并不简单。因为品牌的选择与操作是有"科技含量"的。

第三节 品牌班级建设的"科技含量"

在进行品牌班级建设之前，首先要填写一个"品牌班级评估表"（表2-1）：

表2-1 品牌班级评估表

品牌班级评估表　班主任：_____	
申报品牌	
申报班级	
申报理由	（可以"获胜"的原因评估）
具体措施	（保障品牌能够成为现实的理由）
达成目标	（品牌班级的目的是通过一个阶段品牌的打造，提升班级的精气神。以凝聚班级、塑造自尊自信、激发昂扬向上的精神为根本目的）

首先是第三项：申报理由。在申报的时候，有几个基本因素要考虑。

（1）比较的优势。分析自己班级的长处，看能够在哪些方面很明显超越别人。优势才是成功的重要保障。

（2）普遍的问题或者调动的成功。分析学校普遍存在的问题，一如上文我们提到的"早读品牌"，全校普遍存在早读就十几分钟声音的情况。所谓调动的成功就是，例如，跑操，如果用话术调动了学生的精气神是可以跑出新的高度的，但是如果不调动，可能就是"泯然众人矣"。

（3）可以确保成功。因为确保成功才能称为品牌，如果分析评估之后，没有底气，就慎重选择。

其次是第一项：申报品牌。经过第三项的分析之后，可以选择适当的品牌了。但是，品牌的选择也容易出问题。需要考虑下面几个问题。

（1）切口小。例如，你不要说打造阅读特色班，但可以说打造"课余特色阅读品牌班"；不要说"遵纪守规"班，但可以说"预备规范品牌班"；不要说"作业优质班"，但可以说"作业整齐品牌班"等。因为品牌班级的主要目的不是你要通过这个活动解决你班级存在的所有问题，而是在于通过某个小切口调动班级孩子的精气神、积累班级的自信和凝聚力。因为小，所以好操作，大了反而没法操作。

（2）易展示。品牌需要口碑，如果不容易显示出来，别人又如何能够知道？别人不知道，那么就很难有口碑，没有口碑，品牌班级所自带的功用都不会存在。

（3）易操作。易操作才容易显性。例如，你选择"爱回答问题品牌班级"，操作起来就比较麻烦。也许您认为可以分小组抢答，但会造成统计负担和班级相对混乱。

（4）有特色。当然这点不一定要有，只是个别项目需要有特色，因为别人做你也做，如果想更好地调动班级的精气神等，就需要激发孩子们的自豪感，这样孩子们才能有力量做下去。例如，做"特色阅读小课间"，不要放羊式什么都读，而是选择有一定特色的，例如，"共读"。大家可以共读一本书，或者共读一个系列。伊金霍洛旗的一个班级就选择了读"苏轼",从《少年读苏东坡》开始,到《苏轼词传》《一蓑烟雨任平生》《苏东坡突围》,再到林语堂《苏东坡传》。一个系列下来,孩子们不但比较透彻地读懂了苏轼其人、积累了苏轼所写的诗词,还能够从苏轼的经历中坚忍自己的意志品格。

最后是第四项:具体措施。这是保证品牌班级能够成功的细微做法,从宏观设想到微观操作都能够兼顾好,才是品牌班级成功的保障。一般而言具体措施需要考虑以下几个方面。

(1)说清楚近景的实现与愿景的美好。很多教师习惯于让学生做某事,或者安排学生做某事。开始时学生还会有被重视的心理,时间一久这种心理就会淡化。但是当我们把近景可以实现告诉学生的时候,他们的心气就会被调动;当您告诉孩子们一个学期四五个品牌都能够实现之后,他们就会明白:这是一条通向美好的路。这个时候他再去做就会客观上有希望引领,主观上动力十足。

(2)分组机制。在品牌班级打造以及后续带班过程中,分组都是一种很好的选择。因为整体与整体的竞争是调动学生的有效手段之一。当然这里要注意的是在竞争过程中的巧妙调配,如果调配不好同样会导致品牌班级打造失败。例如,做早读品牌时,声音是最重要的评价标准。如果某个或者某几个小组声音特别大,其他小组根本没法比。如果不做巧妙的调配,就可能出现每天是固定的小组当选最佳小组的情况,而其他小组的积极性就会被打击。这样就不利于品牌班级建设了。

(3)借力的巧运用。综合运用话术,向领导、教师、家长、场地等综合借力。品牌班级的打造是一种调动学生的手段,调动学生自然就离不开向别人借力,而借取的力量越大,自我的动力就越足,效果就会更好。

当然，怎样的话术，如何去运用，我们后续专门章节来介绍。

（4）评价的慧运作。评价的目的不是将学生分成三六九等，而是促进发展的一种工具。在分小组的背景下，评价到组，然后每周统计，这是相对较好的评价方式。也就是说，千万别去评价小组内部具体的某个人，那样会破坏小组团结；而评价到小组层面，则会增强小组凝聚。

（5）班规的妙辅助。班规是用来带班的，不是用来约束学生的。发挥班规的带班作用，对品牌班级是锦上添花的事情。

为更直观说明问题，我们以濮阳市油田第五小学田茹老师的原始申请表（表2-2）和修改申请表（表2-3）及其点评对比。

表2-2　原始申请表

品牌班级申请表	
申报品牌	自律课间班
申报班级	五年级（3）班
申报理由	1. 好习惯成就好人生，"自律"是一种了不起的好习惯。当一名同学足够自律时，就有了足够的意志养成其他好习惯。（点评：申报理由，不是申报这件事情的意义） 2. 由于育儿，本人每天到校时间比较晚，难以亲自督促早读和写字课，一次收到校长的短信一下点醒了我，我可以培养班干部，引导学生自律，所以萌发了建设"自律班级"的想法。（点评：我们这里的申报理由，也不是出台的背景，而是你能获胜或成功的理由分析） 3. 课间十分钟是孩子们放松和社交的时间，五年级的孩子自我意识觉醒，容易出现各种各样的纠纷，而这个问题也是我迫切需要研究解决的，那就让"自律课间"成为我们建设自律班级的第一个抓手。（点评：品牌班级的目的是增强班级自信、增强凝聚力和自豪感，调动班级的精气神，而不是来解决班级具体存在的问题的。简单来说，只要增强了班级自信、增强了凝聚力和自豪感，调动了班级的精气神，问题自然会解决，但不能把解决班级问题当作是打造品牌的思维起点）

品牌班级申请表

具体措施	1. 厘清边界，明晰"不可为"与"可为"。第一，捕捉生活中的教育契机，结合案例，让学生在观察和反思中明确课间哪些事情不能做，明白课间不文明活动带来的危害，在心理上产生共鸣，从思想上引起重视。如，课间十分钟可以整理课本，调整上课状态。第二，如厕时排好队，不推挤，如厕后要洗手，节约用水。第三，引导学生文明游戏，根据自身情况选择游戏内容。（点评：品牌班级打造重视的是调动，不是要求和分工。否则学生会觉得是负担、约束，从而不喜欢。建立在主动、愉悦和自豪基础上，才能有效调动精气神） 2. 丰富内涵，从"无事做"到"有事做"。双目远眺，学会观察。课间让学生双眼远眺，学会观察，欣赏绿植，让眼睛享受一片绿意，放松的同时有时候还可以发现校园里"神秘的小客人"；设立图书角，沉浸阅读。班级设立图书角，班级里总能发现沉浸在阅读中的可爱身影，学习、休闲两不误，培养学生自主课外阅读的好习惯；益智游戏，拓展思维。在教室里摆放各种益智类小游戏，如象棋、军旗、五子棋等，动手又动脑。看，孩子们正玩得不亦乐乎呢！（点评：这些项目选择得非常好，怎么做还是笼统了。如果分组领特色，则会调动小组的积极性） 3. 改变评价从"他律"到"自律"。利用有效的评价方式帮助学生利用好每一个宝贵的"课间十分钟"，从"他律"走向"自律"。全班同学轮流做课间美好发现员，用积极的方式引导同学在课间文明游戏。小小岗位，让孩子们意识到自己是"班级美好参与者"，自觉遵守第一条约定，积极主动地维护班级的课间文明。（点评：大家都在参与活动中，谁做美好发现员呢？不如换成小组自述，让参与者专心参与。另外第一条约定比较好） 4. 改变驱动从"批评"到"鼓励"。利用年级分管领导王校长的权威以及其他任课老师的肯定。不定期以校长的口吻给孩子们念表扬短信；转达任课老师和护导老师对他们文明课间表现的认可，引起孩子们的正面积极反馈。（点评：这就太漂亮了！做到什么程度不重要，重要的是通过搭建借力平台，让孩子们认为自己做得很好了。因为没有比较对象，所以，怎样做都是好的。教师只要通过美好激励让孩子们创设更多美好，就成功了。当然，还有一个重要的借力对象——家长，想想怎么用）

品牌班级申请表	
达成目标	1. 让自律成为一种习惯，让学生享受课间十分钟由自律带来的收获与快乐，并成为更好的自己。使他们如园中春草，不见其长，但日有所增，行为品质日益优雅。 2. 班级整体在以上举措的推动下班风正、学风浓、凝聚力强。 （点评：整体而言，调动学生心气、增强班级凝聚、提升班级自信，才是根本目的）

后续经过研究院指导专家的点评与指导，田老师又做了修改，有了下面的版本（表2-3）。

表2-3　修改申请表

品牌班级申请表	
申报品牌	自律课间班（点评：其实这个选题有些大，和早读品牌、跑操品牌、路队品牌、特色小课间品牌等相比，它的展示性尚欠缺，但可以用）
申报班级	五年级（3）班
申报理由	1. 五年级孩子课间打闹现象比较多，相对而言，我们班的课间活动十分丰富，我常会引进比较热门的正能量小游戏陪孩子们一起玩耍，比如，小沙包、下棋、桌游等。我比较传统。（点评：分析他与我，很好！） 2. 我们班的教室在三楼，有着最好的视野，学生可以趁课间远眺整个校园，有助于后期引导学生发现美好事物。（点评：场域优势，为后续安排做铺垫）
具体措施	1. 知为行先。给孩子们讲从班级理想以及实现理想的"班级品牌"到"品牌班级"的路线、实现理想的重大意义。（点评：这条非常重要，所有班级的第一块品牌实施前都有必要进行这个说明） 2. 特色小组申请。每个小组可以选不同的项目，也可以相同。阅读特色、益智游戏、凭窗眺望等自由选择。（点评：选择了课间自律，其实就比较被动了；基于这个品牌背景下，这一做法是比较智慧的。如果一个班级做共同的事情，效果会更好） 3. 美好自述。让小组代表在延时服务时间，讲述自己小组内部的课间小美好。用美好引领美好，行为塑造行为。（点评：妙极！）

	品牌班级申请表
具体措施	4. 班规巧服务。出台一条班规：不做课间小游魂。引导每个孩子在上厕所或做完其他事情之后，人人都参与。（点评：班规服务开展，漂亮！） 5. 多方位借力。不定期以校长的口吻给孩子们念表扬短信；转达任课老师和护导老师对他们文明课间表现的认可，引起孩子们的正面积极反馈；把照片、视频等传到家长群里，把家长的评论反馈给每个小组。用别人的言语，促动我们班的品牌建设。（点评：这是品牌班级能成为"品牌班级"的重要条件） 6. 创设新平台。通过向学校申请授牌和建设班级品牌视频号，增强班级的自豪感。（点评：锦上添花，田老师智慧）
达成目标	1. 让课间成为美丽的风景，让安全事故少发生。 2. 让"品牌"成为闪亮班级的存在，让"品牌"的特殊及其成就激发班级自信、凝聚班级力量、调动班级整体的精气神。（点评：这样的文字表述，就精准了许多）

通过两个表格的修改比较，我们能感觉到田老师对"品牌班级"构建的理解在加深。诚然，我们也能明白，她的选择不是最好的，因为它的切口还是有些大，且展示性相对而言有些弱。

为进一步让大家加深理解，我们再选择伊金霍洛旗新街小学二年级（1）班史彬融老师的品牌班级申请作为样例展示给大家（表2-4）。

表2-4 品牌班级申请表

	品牌班级申请表
申报品牌	早读品牌班级
申报班级	伊金霍洛旗新街小学二（1）班
申报理由	1. 我在课堂上比较注重学生的朗读训练，孩子们也掌握了一些简单的朗读技巧，平时也比较喜欢向大家展示自己的朗读，只是声音比较小，所以我希望借助早读品牌班的打造，提高学生的朗读声音。

品牌班级申请表

申报理由	2. 此外，虽然班级朗读声音较小，但是也有个别朗读声音洪亮的同学，且学生年龄较小，有好胜心，所以，老师可以利用学生的这种心理以点带面，逐步提高学生的朗读声音。 3. 不少班级早读声音坚持不了几分钟。如果我们调动一下，可以很快脱颖而出。
具体措施	1. 试验班的自豪。被选中试验班是对班级的认可和期待，自带荣耀。教师抓住学生的这一心理进行鼓励，为早读品牌班的打造开一个好头。老师可以告诉学生和家长：因为咱们班孩子的朗读很有特色，所以我们班级现在被选为早读品牌试验班，借助早读品牌试验班的东风，我们将会继续提升孩子的朗读能力，同时通过朗读能力的提升培养孩子阅读的兴趣和自信的心理，继续打造课余时间阅读品牌班、讲故事品牌班、小作家品牌班，从而打造一个积极自信的书香班级。 2. 鼓励学生自主选择早读材料，可定期更换早读材料，保持新鲜感，避免学生产生厌倦情绪。 3. 分小组的机制。将全班分成六个小组，看哪个小组的声音比较大，利用这样的方法持续刺激学生保持早读的热情。但要注意机动协调，避免有小组"缴械投降"。 4. 借力的巧运用。综合运用话术，向领导、教师、家长、场地等综合借力，让学生从领导、教师、家长等的肯定中找到持续努力的动力。 5. 评价的慧运作。每天黑板上写上"今天早读效果最好的是第（ ）组、第（ ）组、第（ ）组"，然后不定时填写小组名称，且不同时填写。每天选出三个"最佳小组"，一周综合评奖，选出前三名小组进行表彰（表彰方式：口头表彰；为孩子唱一首歌；与喜欢的老师合影、与校长合影；奖励学生亲笔书写的书法作品或亲手制作的手工作品、绘画作品等；与老师一起做游戏……）。 6. 班规的妙辅助。早读尽最大努力提高声音，有迟到和不读的取消当日评选资格。 7. 操作的创意点。不定时公布小组朗读表彰名单；可利用阅读课邀请获得表彰的小组进行朗读展示。
达成目标	通过一个阶段品牌的打造，提升班级的精气神，以凝聚班级、塑造自尊自信、激发昂扬向上的精神。

申请表的填写，其实是未雨绸缪的安排。如果表格填写好了，后续的操作便可以胸有成竹。

如果上述是"织锦"工作的话，如果再添上点花，该是多美的事情啊。

第四节　还原班规助力班级发展的本质

　　对于品牌班级打造，锦上添花的事情，自然就是将班规的作用发挥出来。

　　"你是否想过，为什么要制定班规？"

　　"你制定班规的目的如果仅仅是管住学生或者所谓的习惯养成，肯定是一种遗憾。"

　　这是笔者和一位年轻的班主任交流时谈到的。很多人都秉持着一个基本认知：带班初期，就要为班级建制定规。殊不知，如果不能解决"为什么要制定班规"这一问题，即使你制定了班规，往往也带不好班。

　　以下两个问题需要弄明白。

　　第一，班规的数目往往和班级问题的出现频率成正比。对于这一说法，不少班主任持反对意见，因为在通常的想法中，班规越多越细密，学生越"有法可依""有章可循"，行为就会越规范。其实，如鱼触网，网孔越细，触网概率越高；班规越密，学生触犯班规的概率越高，班主任就越累。倘若学生因为"班规"而规规矩矩，可能是波澜不惊的表面下暗流涌动，很多心理问题的产生都与此相关。

　　第二，试图通过班规培养诸多习惯，结果往往是什么习惯也培养不成。人的内在心理结构的稳定性与表层心理调节的暂时性之间的矛盾，决定了任何一项习惯的形成都是长期坚持的结果。诸多习惯同时培养，在定量时间内分配给每个习惯上的时间是有限的。一次习惯培养的效果，根本抵挡不住时间间隔过长带来的反调节结果。

所以，优秀的班主任总是懂得通过两种手段培养习惯：一种是利用行为心理学原理，在一段时间内集中精力培养某一个习惯，在形成某一个习惯的基础上，再培养另一个习惯；另一种做法便是通过营造教育氛围，让学生沉浸在这种氛围中，用熏染的力量培养学生的习惯。但是，氛围的营造靠的不是班规，而是场力、文化力。所以美国畅销书作家安奈特·布鲁肖和托德·威特克尔的著作《从优秀教师到卓越教师》中提到："课堂规则不宜超过5个。"这句话初学者可能会不大理解，容笔者详细剖解。

首先，班规数目不要多。

个中原因，上文已有阐释。

其次，班规是部分班级规则与班级目标的结合体。

这里有两个关键点：一个是部分班级规则，另一个是班级目标。

班级管理中或许需要学生尊重的规则很多，但是如果把所有的规则都一起提出，就会让学生感觉"无往不在枷锁之中"。没有人喜欢这样的教育情境，何况一把抓的结果往往是什么都抓不住。智慧的班主任懂得在落实几个容易落实的规则之后，再考虑其他规则。我在带班初期，给学生制定的班级规则就三条，为了叙述需要，我先把前两条呈现——

（1）绝对不允许无故迟到。

（2）绝对不允许无理由当堂顶撞教师。

不迟到是对学生最基本的要求，不当堂顶撞教师是为了维护课堂的基本秩序和确保基本的师生关系。一个是基本要求，另一个属于高压线性质。这里需要提醒班主任朋友的是要明白规则的性质。规则不是常规，规则是需要严格遵守的，而常规可能是需要反复训练的。例如，"发言之前举手"这属于常规，不属于规则。规则是规定和调节相对而言严重的不当行为的，其目的是防止学生的严重过失。一旦规则被打破，就必须对学生实行惩罚。所以，在班级规则制定之后，一定要附上比较详细的违反这一规则的相应惩罚措施。当然，这些惩罚措施的出现，其目的是预防犯错。

现在呈现第三条班规——

（3）尽最大努力在早读课读出声音。

看到这条班规，很多朋友会觉得莫名其妙：就三条班规，还放一条关于早读声音的？这里面自有玄机。正如上文所说，班规要和班级目标相结合。班规的目的绝对不是把学生管住，更不要幻想通过班规能把班级管好。因为建立在班级能"管好"理念上的带班思维，其本质就是"堵"。班级是不可能"堵"成优秀的。如果把带班过程融入班规中，或者说把班规作为实现带班理想的一种手段，就会收到意想不到的效果。

当时我所带的班级成绩比较差，班级整体陷入一种自怨自艾的情绪中。如何为班级发展找一个突破口呢？那就是首先打造一个"班级品牌"，让品牌效应来赢得他人的赞誉，为班级注入动力，增强自信。当时我们学校的早读，在领导巡查过后，就是一片静悄悄。而我班规定学生必须在早读时发出声音，这道别致的风景，一下成为全校师生谈论的话题。果然没过多久，这样的舆论就形成了——"别看这个班基础不好，这样的学习劲头下去，会不得了。"班规，核心目的不是用来"管班"的，而是用来"带班"的。

最后，班规不是静态的存在，而是动态的更换。

不少班主任认为，班规一旦制定了就要固定下来，不要"朝令夕改"，否则班规就没有了"威慑力"，班主任或者班委就没有了"威信"。其实学生在成长变化，班级也在成长变化，制定少量的班规，并加以适当的变动，更能适应学生和班级的发展。

比如，当初我之所以制定一条不能无理由迟到的班规，就是因为这是学生应该做到的事情，当然也是不少班主任屡禁不止的事情。屡禁不止，是因为班规太多，相对而言迟到算不上需要严格执法的班规。而一旦把它作为三条班规之首，其重要性就被凸显出来，也就是说它被提升到需要首要解决的地位上来，这样也就好解决了。经过一段时间，随着迟到现象的消除，这条班规被取消了。在实际工作中，我的前两条班规变成了：

（1）绝对不允许不交作业。

（2）绝对不允许无理由当堂顶撞教师。

这时候我培养学生的重点，转变成了治理不交作业的问题。当然，第二条作为"高压线"还是存在的，直到半年之后才取消。

当我们班级的早读成为学校最闪亮的班级品牌之后，学生已经形成了早读大声读的习惯，于是我也把它取消了，换成了"坚持高质量'三操'"。这个时候，我们要打造班级的第二个品牌——"'三操'品牌"了。

试想，通过一个个班级品牌的打造，你的班级不就会成为品牌班级了吗？你的带班理想不就实现了吗？

动态的班规，其实是实现带班理想的较好抓手。如果你明白了班级发展的基本步骤，不妨尝试以动态的班规实现你的带班理想。

如果正在阅读的是校长，您一定要懂得妙统筹。一个学校所有班级都在打造属于自己的品牌，自然这个学校也会因为全校都"生龙活虎"而成为品牌学校。所以，实际操作中需要学校巧妙统筹。具体而言可以做好以下三方面工作。

（1）管理层"迈开腿、管住嘴"。学校领导应该有计划多到各个班级教室门口走动走动，方便教师们向您借取力量，因为对于学生来说，领导的话很有分量。但是，您得管住嘴，少说话，因为每个班级的具体情况不同，您只管在教室门口停留。因为您"说了什么"不重要，教师例如班主任让您"说了什么"才最重要。因为他们知道班级的具体情况，他知道让您"说了什么"更有利于班级发展。

（2）升旗仪式要授牌。品牌班级自己宣称重要，获得学校"官方认可"更重要。所以，每个周的升旗仪式，不一定是讲大道理的场合，更可以是授予努力打造自己班级品牌的班级得到认可的重要舞台。您可以设计品牌班级匾牌，让品牌班级代表讲话。但是，千万别和什么奖励相结合，因为授予就是认可和奖励；一旦和其他奖励相结合，思维就会转移到奖励，"心思"就不纯了。

（3）组织班级多交流。开始时所有班级的品牌申请都是基于自己的优势分析，重复会有，但不会多。所以，每个班级都很容易成为"品牌班级"，因为对手缺乏。但后续品牌往往也会让很多教师陷入"穷途末路"，不知该如何选择。所以学校组织班级多交流，可以取长补短，甚至直接拿去借鉴。因为这个阶段打造的品牌，完全可以成为下个阶段别班打造的品牌。要记住的一点是，在学校里，这是一盘棋，只有大家"共同富裕"才是真正的学校的高品质。

通过品牌班级打造，基本上学校的每个班级都可以变得很优秀，一所高品质学校的"地基"也就打好了。

现在，就开启我们的建设之路吧。

中篇

生态，创造美好

————

　　克里希娜穆提说："善没有对立面……只要有任何形式的暴力或斗争，善就永远不会到来。"如果您愿意用美好的眼睛来看这个世界，用合适的言语传递您看到的美，多美好的教育情境都可以被创设出来。不信，您看……

第三章

让校风瞬间美好的简约方式

从2014年开始探索，到做实验班级、实验校以至做实验区，我们走过不少弯路。最典型的错误就是不断为各种问题寻找方法，而很少回头思考问题产生的原因是什么，很少思考问题背后有没有共同的原因，更少思考有没有一种方法可以让这些问题都得到解决。还好，我们找到了，所有被辜负的时光，其实都镶嵌在了走向成功的每个脚印里。让校风一下子变得美好，很简约，那就是用美好的眼光和言语创设美好的教育生态。在这样的教育生态里，产生怎样的美好都不会是意外。

第一节　以合宜话术打造优质教育生态

教育该怎么做，或许谁都可以说出个子丑寅卯，但是教育怎么做或者说你做给我看，才是真正的专业表现。正如第一章，经过我们的分析论证，发现只要构建了满足学生归属感和价值感的教育生态关系，就几乎可以解决当下学校教育面临的所有问题。但是，这样的教育生态该如何打造呢？

先给朋友们分享一段程振英老师的"原始记录"——

早上，我一进教室，我没有听见像上周一样的大声朗读声，我猛一愣，突然想起来，今天周一，晨读是英语。看到三三两两的孩子读着英语，我也没有说话，转了一圈，学生们看到我来了，故意提高嗓门，声音逐渐变大。

前几节，我们分享的是品牌班级打造的问题，虽然我们分析得够详细了，您相信不？程振英老师之前也是接受了"品牌班级"的相关培训，但是在实际操作中还是遇到了如"原始记录"中的这些表现。面临这样的问题，您怎样解决？

一部分人可能会做思想工作，另一部分人可能会分工到人或者设置领读员，还有一部分人可能会大发雷霆。只是，这能解决问题吗？即使解决了问题能促进班级发展吗？对于我们教育人来说，解决问题不是目的，而促进学生的发展才是目的。程振英老师并没有做上述三种选择，而是说——

孩子们，刚进班里我就知道你们在读书，可能是你们在边读边思考呢，声音没那么大，我也没有听到你们读的是英语还是语文。让我感动的是你们一直在读；你们不荒废时间，知道进教室后该干什么，老师颇感欣慰。让老师没想到的是，你们看到老师进教室后，读书的声音突然提高了，站直了身体，打开了声音，顿时，个个精神抖擞。知道吗？就在大家高声朗读的时候，隔壁班的同学路过都忍不住看我们班两眼，于是为师我也这样（做动作）挺直了身板，我也来精神了！恰好，你们的英语老师过来了，对我说："咱班的孩子早读课积极读书，读书声音还很大，其他英语老师向我讨教绝招呢！"英语老师说这件事的时候满脸都是骄傲，当然我也骄傲，毕竟被别人羡慕是件很幸福的事。谢谢你们给我的幸福！

黄燕亚老师说，教育永远不要轻易告诉孩子你错在了哪里，而是用合适的方式（言语或行动的）告诉孩子们什么是正确。笔者深以为然。各位，如果您是程老师班上的孩子，听到老师如此的言说，会是怎样的心理？第二天的早读会不会更加努力？孩子们听老师如此表达，是不是代表他们的行为（他们认为的好行为）被看见？他们的归属感和价值感是不是得到了一定程度的满足？

大多数人采用的方法用后无效，而程老师的用心言说在给予孩子自豪和幸福的同时，又轻巧地将问题解决了。

当然这里肯定有不少朋友会说：你的意思是不要去批评学生呗！教育没有批评能做好吗？

这是一个争论不休的问题。之所以争论不休是因为每个人的"心"不同，"理"自然也不同，所以阳明先生才谆谆教导"心即是理"。但是，当我们回归到最基本的人性和人的基本心理上来思考问题的时候，问题就简单多了。设想一下，您如果某天被领导批评了，当您走出领导办公室之后，在您的内心是——

A. 认识到自己的错误，从而感激领导；

B. 心有不服，但不得不屈服；

C. 为自己辩解，不是我的错；

D. 内心骂一句；

E. ……

各位您回归本心想想，你会是哪种心理？再理智去思考，哪种心理会让您变好？作为成人，如果还是这样的心理，那么作为教育对象的未成年孩子会是怎样的心理呢？批评会让人变好吗？会让班级和学校的生态变好吗？更直接地说，能解决所有问题吗？能让归属感和价值感得到满足吗？倘若不能，您又何必批评孩子？至于批评所带来的问题，各位可以去搜，只是这里想跟各位分享一句话——

不端行为和惩罚不是对立的两个方面，不能互相抵消，相反，它们会互相滋养、互相增强。（出自海姆·G. 吉诺特的《孩子，把你的手给你》）

我们实验班、实验区和实验学校的事实告诉我们：当我们用美好的眼睛来看待孩子、看待同仁并且把它表达出来的时候，教育可以很美。不信您看——

李桂华老师说——

奇迹慢慢出现：杨××是我们班的复读生（因不想学习，初二休学一年到我们班），他一直拉后腿：早读不到，经常请假，上课睡觉；手机偷偷带入班级，被班委及时发现，老师对其说服教育几乎被他屏蔽，仍然我行我素；他总是阴阳怪气地说"发现美好，表达美好"都是形式，表面现象。

但是我们班级美好继续进行着……

终于这座"冰山"慢慢融化。一周前有了第一次早起；不爱学习特别是不喜欢数学的他今天两次积极主动到办公室问我"平行四边形怎样证明""证明题思路怎样表达"……破天荒的少有的很认真的样子；《数学同步》第一次把会做的提前完成了（原来不要说数学练习册，课本上的题也不做）……

司晓丽老师说——

发现美好，表达美好，这两个月终于在这个各科老师几乎都不看好的学生身上悄悄发生：早读从5月22第一次坚持已有一周都5：50之前进教室（原来早读都是跟他妈妈说肚子疼或者头疼，请假不来早读，总之磨叽到8：00到校）；今天上午主动问数学题，并且会讲给我听（原来都是老师问他，他说数学根本听不懂，老师同学尽力从基础帮他，他几乎都是用屏蔽的方式对待），他悄悄改变着……

卢迪老师说——

昨天下午放学的时候，有两位同学主动将吃的东西的包装袋一直拿着，然后直到看到垃圾桶才将其扔进垃圾桶里，真正做到了讲文明。李传宝校长将这一幕看在眼里，今天亲自找到了我班这两位同学重点表扬了。

梁霞老师说——

品牌班级的实施，加上研究院老师指导的话术运用之后，我们班的孩子简直是疯了，各项工作都变得那么积极主动，根本不用什么班规，也不用我或者班干部整天盯着。从来没想过一个看似轻微的举动，竟然效果如此神奇！

刘素梅老师说——

今天早上刚来到学校，一位学生飞快地跑向我身边，大声地说：老师，我今天吃过早饭，我自己把教室给打扫好了。我特别地惊讶，这个学生平时连值日都不扫地的，我去教室看到地面确实特别干净整洁，我给了她一个大大的拥抱。

杨明雪老师说——

今天上午朱君同学因为身体不舒服，请了一上午假，正好上午学新课，想着等孩子下午来了给他补补上午的新课。中午临近教室的时候，听到班里有稀稀拉拉说话的声音，我推开教室门一看，满满的感动，原来是几个孩子正在给上午请假的这位同学补习功课啊！

您看周玉娥老师发来的消息——

周玉娥：月考有了非常显著的进步有点不敢相信。

梅老师：调动了学生的积极性，一切都不是奇迹。所以，教育的核心不是如何教，而是调动学生去学。

梅老师：是啊，您改变的不仅是孩子，还有我的心态。

这成绩的上升幅度令人难以置信。关键是实施才两个月。

那么，这些老师都是采用怎样的话术来表达的呢？

第二节　不能不知的基本话术

这节和大家分享一下我们在实践过程中提炼出来的几种比较典型的话术，这些话术的综合运用就可以引领班风和校风的"瞬间"好转。当然"瞬间"是个夸张的词语，实际是一周内立马见效。

这里有一个重要的前提：班主任勤进班。尤其是新学期或者新接手一个班级，第一个月一定要勤进班。进班之后不说话，勤观察。因为您不说话，学生内心不知道您要干什么，他们往往会安静下来；您一说话，孩子们就会参与进来，导致教室不怎么安静。这里又会有不少朋友说，都下课了，让学生们活泼起来不好吗？为什么要安静？我们的经验告诉我们班级由紧到松易，但是由松到紧难。带班可以在建设的过程中慢慢放松，但是如果一开始活泼起来，后续往往难以收拢。

现在回到话术上来。

话术的基本格式是：原始事件+美好表达。

"原始事件"就是事情发生的原貌。"美好表达"就是运用怎样的话术，把班级的美好表达出来，当然这里包括可能不美好而赋予它美好的事件。分为这两个阶段的目的就等于告诉各位老师，不要看到就表达，而是要思考如何才能效能最大化地来表达。

现举例来说明几种基本的话术及其力量。

（1）表扬现象。所谓表扬现象就是在群体情境中即使某种美好是某个个体创造的，但是在教师表达时不是针对个体的美好表达，而是作为一种现象表达。

原始事件：还没安排值日生，但每节课的黑板都被王琦琳同学用洗干净的抹布擦得干干净净。

美好表达：这黑板是谁擦的？（不要给学生有回答的时间）竟然擦这么干净！我当过这么多年老师，遇到过逃值日的，遇到过应付值日的，但从来没有遇到过不安排值日生还能干得这么用心的。克里希娜穆提说，"哪里有秩序，哪里就有谦卑"，意思是说哪里呈现出好的秩序是因为哪里的人有素质。咱们班出现如此美好的事情，证明咱们是有素质的人，咱们这个班是有素质的班。遇见你们，太幸福了！

表达心理：当时之所以这样表达，是因为这是自发的好现象，我不能让它只停留在某个人身上，想通过我的语言表达引起同学们的自豪感，让更多的类似事情发生。

后续学生心理采访（学生代表）：当时老师一说我们有素质，心里美美的，心里也生出想为班级主动做事的力量。

后续学生心理采访（当事人）：虽然老师没有直接点名是我，但我知道他说的是我，觉得自己特别自豪。这样的事情，我愿意继续做下去。

表达效果：后续的好多天，班级出现的自发做事情的同学越来越多了。

原理分析：在群体情境中对个体的表扬往往是对环境的破坏，而对现象的表扬会让在场的每一个人都有被表扬的感觉。所以，我们试图树立典型的方式形成你追我赶的局面的理想只是理想，现实中基本不会存在。因为在心理学中有一种心理叫优势性伤害。举个简单例子各位就能明白。教师节颁奖，有人领奖，就有人在台下鼓掌。如果领奖人我们不认识，可以尽情鼓掌；但是，当我们认识，甚至就是同一个办公室的人的时候，您是什么心理？这不是小人，而是人性。我们不能违背了基本的人性而活在理想里去做教育。当通过表扬现象而让每个人都有被欣赏的感觉的时候，环境就很容易形成。所以，欲形成良好的班风校风，一定要在现象表扬上多做文章。

（2）无中生有。所谓无中生有就是前序对比物不一定存在，而是为了教育目的设计出来的存在。

原始事件：今天早晨来到学校后，我检查学生们交上来的作业，有几个学生写得比较潦草，有几个学生没交作业。

美好表达：同学们！今天早晨来到学校，听到别的班级老师说："哎，我班今天又有几个没交作业的学生，还有几个写得跟蜘蛛爬得一样。"听到这里我心里既忐忑又期待，我的小家伙们，你们的作业完成得怎么样呢？怀着这种心情，我一个一个地批改着你们的作业，真是越看心里越得意啊！谢谢你们是那么认真，完成得那么好！估计我得意的神态被别班数学老师看去了。

表达心理：往往这种这情况我都会将这几个孩子叫到办公室批评一顿，但今天我想改变一下方法。从负向评价转变为正向鼓励引导，我没有批评这几个孩子，而是在班里给孩子说别的班级有作业完成不好的情况，而咱们班的孩子们每个人都完成得非常好。

后续学生心理采访（学生代表）：当老师说到别班作业情况和我们的对比时，才明白原来我们班比他们班强多了。作为咱班的一员，不能掉队啊。

后续学生心理采访（当事人）：虽然老师没发现我的作业没交，但我知道自己错了。全班都这么好，我不能给班级拖后腿啊，我得把作业补上，让老师看到我的努力改变。

表达效果：下课后，这几个完成不好的学生向我主动承认了错误。

原理分析：面对批评，无论是找借口、压制还是结算心理等，没有一样是让事情变好的，而正向的引领，就可以让学生感受温暖的同时看到前行的方向。

（3）巧妙借力。所谓巧妙借力就是借助别人对自我的评价，让评价对象产生内心的自豪，从而生出继续向好的力量。

原始事件：原来的午休需要每天的值日班长管理纪律，打铃后大约5分钟，同学们才会安静下来。今天的午休在打铃后的3分钟就已经安静下来了。

美好表达：今天老师的心情无比开心，知道为什么吗？因为班主任群里表扬咱们班了，说咱班午休状态特别安静！下午正好在走廊里遇见颜主任，他说："卢老师，你带（8）班吗？"我回答："是啊。"他说："中午正好有点事情路过咱（8）班教室，我发现咱班的同学都自觉地午睡，没有交头接耳的，也没有装睡的，你班学生可真好啊！"你们说，我开不开心？

表达心理：培训之后，我深深地明白：传统地要求学生必须几点睡，以及对午睡的纪律要求，会让学生有被管束的感觉。人被管束，本能的反应往往是反抗——行动的或意识的、微弱的或强烈的。向好的方法，就是让好的星星之火，慢慢趋向燎原。

后续学生心理采访（学生代表）：没想到，我们班的进步是全面的，连午睡都被领导称赞了，开心。

表达效果：同学们的脸上洋溢着幸福和喜悦，我知道，第二天会做得更好。

（4）意外之喜。所谓意外之喜是遵循"本以为……结果却……"的表达，用放低期望抬高现实的方式，让行事主体获得成就感的一种话术。

原始事件：今天，没有给同学们布置作业，想着：完了，下午班里定会乱成一锅粥。结果，当我走进班级，却异常安静，原来班委在带着他们练字，心里倍感欣慰。

美好表达：同学们，昨天老师发现一种特别奇怪的现象，你们知道是什么吗？(同学们都用惊异的目光看着我)昨天没有给大家布置作业，我做好了班级乌泱泱、吵翻天的准备。结果，当我走过窗前，你们惊讶到我了：你们都埋着脑袋安静地写作业，安静，非常安静！

（5）小题大做。所谓小题大做即事件本身很普通，但为了增强教育效能而把小事情做成大文章，产生更大的作用。

原始事件：今天体育老师特意找我们班同学参加军鼓队、仪仗队训练，为学校后期开展活动做准备。

美好表达：大家刚才有没有听到体育老师和我谈话的内容？猜不到吧，这可是一个大惊喜哟！体育老师说要让咱们参加军鼓队、仪仗队训练，全校只有咱们班中彩！大家猜猜为什么选你们呀？哈哈……猜到了吗？体育老师化身侦探家偷偷观察咱们班好久了，咱们路队整齐、声音洪亮，特意提出体育课上你们表现十分出色，还能主动帮助同学搬运体育器材等，所以体育老师觉得只有咱们班才能担得起这份重担。你们啥感觉我不知道，反正我是太开心了。

表达效果：同学们从内心认为这是莫大的荣耀，在训练中劲头儿更大了，而且延伸到班级其他事务，都做得尽心尽责。

（6）组合聚焦。组合聚焦就是为了培养学生某个方向的优点，而将同类的表现进行线性贯穿组合，让其形成一个事件组。但线索是统一的，所以事件组所引导的方向也是一致的。

原始事件：早读、晚读，还没有打铃，同学们，就开始读起书来。

美好表达：最近我发现咱们班的一些变化，同学们打破了自我的思想限制。

六点十几分来到教室，还没有上课，同学们已经自觉地开始读书；跑完操后，有同学回到教室，没有打闹，就开始利用琐碎的时间来学习；七点十几分来到教室，还没有上课，同学们已经自觉地开始读书；晚上放学了，有同学不着急走，留下来学习。看到大家打破了时间的禁锢，随时随地这样表现，刚开学时我是不敢想象的。谢谢有你们。

表达效果：这个案例的作者是乔亚朋老师，一个高二的班主任。后来他告诉我说，这一次组合，让更多的孩子学会了抓紧时间，班级有了比赶超的样子。

（7）表达感动/感激/感谢。表达感动，其实就是针对具体的感人事迹，不加修饰地直接表达内心。表达者的真情流露，往往就是对别人行为的最高奖赏。

原始事件：班里有个孩子生病了，不能见风，其他孩子知道这个情况后，主动把窗户关得严严的，下课后离开教室时还轻轻地带上了门。这个生病的同学因为身体的原因没有穿校服。刚开学时，我和孩子们一起定好了规矩，如果小组内有同学没有穿校服，那么该小组就不能评选为优秀小组了。很显然孩子们也关注到了这个情况，他们纷纷向我求情："老师，天赐生病了，特殊情况，可以原谅的，不能取消他们小组的资格！"

美好表达：孩子们，今天你们给了我太多感动。天赐同学生病了还坚持来学校学习，精神可嘉。我想天赐同学之所以愿意来学校，主要是因为你们的爱：因为我看到了你们小心翼翼关门的样子，我觉得非常暖心，咱们班就是一个温暖的大家庭。你们明明那么想赢，也知道淘汰掉一个小组，获胜的机会就会大一点，但你们却毅然选择了友情，纷纷向我求情："老师，天赐生病了，特殊情况，可以原谅的，不能取消他们小组的资格！"此生遇到你们这样温暖的学生，是我的幸福，感恩大家，感恩你们的善良美好。

表达心理：看到出现这种现象，真心感动。我就在想，事件不仅停留在事件本身，我必须让它孕育出新的力量，让每个孩子的灵魂因之而变得温润。

上述七种基本话术，学校每位教师如果能够单独或综合运用，品牌班级建设会锦上添花，而整个学校的风气一周之内会为之一变，美好的发生如花团锦簇。

可能不少朋友会疑问：有这么神奇吗？

我们当然不能拿我所在的实验校、实验区做搪塞，必须拿出合理的依据说明这样做真的有效才能让朋友们信任并愿意去实践。

首先，表达的内容涉及方方面面，但都在围绕一个主题：以满足学生的归属感和价值感为核心，培养孩子温润的灵魂和向上的力量。因为涉及的面比较广而主题又集中，就避免了寻常学校教育中选择一个点来做而薄弱其余的思维。寻常的思维因为碎片化，导致做了很多却无效。咱们将看到的美好表达出来，美好的实施人就会被看见，而表达的话术运用可以让环境中的每个人都有被因美好而被看见的心理，又可以因为被看见生发出更多美好，原因就在于我们形成的是立体的场，即环境。

其次，表达的人涉及学校里的所有人，尤其是科任教师。美好如果没有被说出来，它不会产生力量；当教育场的所有人都用一种发现美、欣赏美、表达美的态度去工作的时候，所谓被表扬的"三分钟热度"效应就可以被消解。因为一次被表达能坚持三分钟就足够了，何况一旦有了从0到1的突破，这热度的长度会超过三分钟。所有人都在表达，学生相对而言时刻都沐浴在美好之中。这就是教育生态。在这样的教育生态中，人的心理时时刻刻都在被浸润，成为美好将值得期待。

最后，欣赏美好的事物是人的正常心理需要。阿德勒说，人的需要无非两种，一是归属，二是价值。在第一章我们分析过学校问题的出现都是和这两种需要的缺失有关，而发现美好、欣赏美好和表达美好，则可以弥补这种缺失。全体教师都在发现学生的美好并表达，就能够在更大场域内满足学生的心理需要。

至于这些话术的"威力"有多大，您不妨使用一次。

第三节　书信——心灵的触动密码

这个时代有点"快"，让很多东西失去了味道。

有时候回归一下传统，反而会更能触动人心，例如，书信、明信片等手写的文字。记得那年在上海工作，一个年级组混合在一个办公室里办公。记得当时的同事说："要工作，就得来咱们学校，这里太和谐美好了！"在这个什么都用短信的时代，那年的元旦我竟然收到了一张书写的贺卡，落款"木芙蓉"。当时就特别感动，因为当短信泛滥，文字的穿透力反而更强。我不知道"木芙蓉"是谁，但我知道这是一个值得交的朋友。于是就忍不住向邻桌的张老师炫耀："张老师，您看，如此用心的贺卡，太让人感动了。虽然我不知道这个'木芙蓉'是谁，但绝对是值得交往的朋友。"这时，张老师微微一笑说："是我！"

那时，我就认定：张老师，这辈子，您这个朋友我交定了。因为手写的贺卡，因为邻座。还有比这更能触动人心的方式吗？

后来，在做班主任的时候，我就习惯于每周给我的学生写一封信，手写的。写好了，先读；读后，传阅。传着传着，就被搁置了，成为很多学生的"珍藏"。再后来，就在我们的实验班、实验学校、实验区实施，结果效果非常棒。所以，在发现美好、欣赏美好和表达美好的同时，每周让班主任或科任教师写一封信给孩子们，就成了惯例。当然，这个时候在学校的升旗仪式上，校长也会写一封信给全体师生。关于书信的写作，需要注意三个点。

第一，如果可以手写，就尽量手写。因为手写的文字，情感穿透力更强。具体操作时就是先面向全体来读，然后在班上传阅。整体朗读形成的是整体氛围，传阅的精心阅读是灵魂的润泽。例如，成武县的王老师在济南学习期间还不忘给孩子们手写书信（图3-1）。

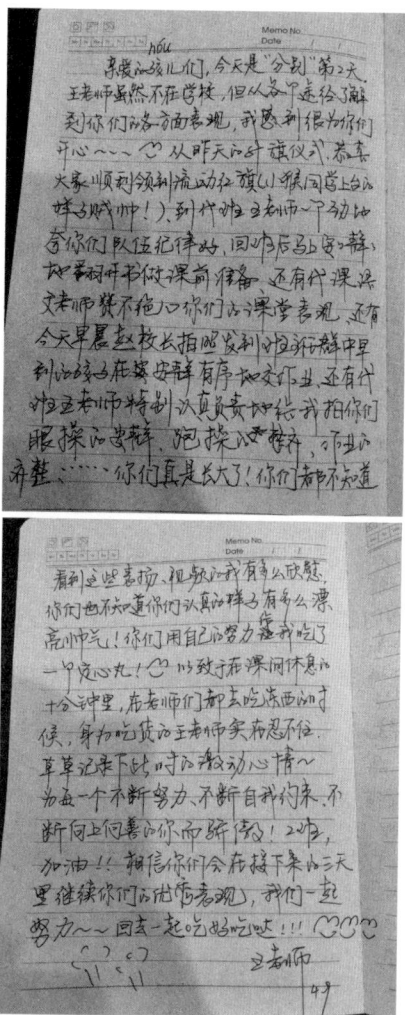

图3-1 王老师的手写书信

第二，多一些具体少一些概括。这个阶段虽然我们侧重于整体班风、校风的打造，基本不表扬个体，但这不意味着要笼统概括而不讲具体。如果没有了具体，就没有了鲜活，就很难打动人和影响人。只有鲜活的事例才能让学生感觉到情感的真诚，才能更好地感染人、激励人。下面祝慧老师的这封信，是可以用作范例的。

可爱的"他'——写给孩子们的第三封信

孩子们：

过去的一周又是我非常感动的一周，也是同学们成长飞快的一周。更多的"他"给我带来了更多美好的画面，有你们的每一天，我都充满更多的期待！

这周的早读课，大家已经渐入佳境，充分体现出争分夺秒、团结互助的小组精神，有为了小组荣誉而战的"他"，还有不甘示弱的"他"，以及那个紧追不舍的"他"，大声去朗读，声音铿锵有力，带动着整个小组的劲都往一处使，为了同一个目标而努力的样子，最可爱！你们是老师眼中朝气蓬勃、聪明可爱的孩子们！

下课后，我原来都会看着一大摞的作业发愁，总想抓住几个清闲的同学帮我抱回办公室，可是现在我一点不担心这个问题，一个清脆的声音总会及时地说道："老师，我帮您抱吧？"我说："好啊！那真是太谢谢你了！"可是他也抱不了那么多，说话的工夫，就又跑来几个热心的"他们"来帮忙，一两分钟就能帮我轻松搞定。我们班原来有这么多"热心肠"！有这么多的小帮手勤劳又能干，真是欣慰！

下课了，原本嘈杂的教室里竟然有几个背书的身影，虽然课堂上没有把古诗背诵过关，不服输的"他"拉着同桌，要同桌再帮助检查一下自己的背诵，然后真诚地跑过来告诉我："老师，我会背了！"看着那认真又倔强的脸，充满了阳光，让我的内心非常踏实，再不会怕学校里每周五的古诗背诵检查会有同学敷衍应付！因为，背古诗这件小事，难不倒三（5）班的每一个同学，大家说，对不对？

课堂上，举手回答问题的同学渐渐地又变成那几个爱发言的同学了，"目不转睛"盯着老师，可我看到那个一举一动的"他"，认真做笔记的"他"，双手工整地放在桌面上专心听讲的"他"……那种专注与认真，你们虽不善于表现自己，但知道该怎样高效地去学习，这样踏实肯干的"他们"，我都一一看在眼里，感动在心里，你们是让老师最放心的学生！

教室里，早读课前，都会看到安静的"他"工整地练字，不受身边任何声音的打扰，那份内心的宁静让他看起来更加懂事、更加沉稳。还有那个严守交作业规定的"他"，一来到教室，作业就全部工整地摆在课桌左上角，安静地等待组长来收，"他"这学期不交作业的次数明显变少了很多！我看到了你们的改变，变得越来越优秀了！

上课预备铃声响起时，那个整天上课迟到的"他"，一周来，没再迟到过一次，尽管有两次是踏着正式上课铃声进来的，但是我看到了他尊重老师的态度，让我也不自觉地想要去尊重你们，去更多地体谅你们。每天的日记批改依然是我最期待的一件事，走进你们每个人的内心深处，我体会到大家的悲欢和喜乐，让我看到了更加丰富多彩的"他"和"她"，对生活充满了热爱，用心去发现生活中的美好，记录着成长，感叹生命！我愿意做你们的美好见证者，共享美好生活。

"阳光课间操"时，我们班队列比上周整齐多了，大家懂得了跑操时我们全班同学是一个整体，一荣俱荣，一损俱损的道理，"他"不再只顾着自己埋头去跑，而是左右看一看，互相配合，齐头并进，口号喊得响亮，别的班的老师都向我们投来赞许的目光，我想说，三（5）班的同学最棒！

这一周，我的心情也有很大变化，每天内心都会充满期待，充满阳光。因为我有帮助我抱作业的"他"，有监督同学带违规品的"他"，有帮我擦黑板的"他"，有整理讲桌的"他"，有入室即静的"他"，有遵守纪律上课不迟到的"他"，有提前摆好作业等待组长收的"他"，有作业收发越来越及时的"他"，有早读大声读书的"他"，放学后，有认真书写、任劳任怨值日的"他"，有认真跑操不打闹的"他"，有宽宏大量、不斤斤计较的"他"，有主动承认错误，愿意悔改的"他"，还有微信"加油群"里天天坚持默写知识点的他……班里有64个"他"，让我有64个不一样的期待，我相信接下来的日子里我将收获更多美好的"他"！

那么多的"他"，哪一个是你呢？

最后祝大家新的一周，开心学习，快乐长大！

祝老师

第三，写信时要注意话术的综合运用。话术是感染人影响人的重要力量，我们不能只顾抒情和叙事，而忘记让效能最大化是表达的重要目的之一。本章提到的7种常用话术，可以在书信里综合运用起来。我们看乔亚朋老师写给他的高二班的信，就综合运用了多种话术。

亲爱的同学们：

过了一个年，归来的你们，给了我很多不一样的感受；好像仅仅过了个年，仅仅二十几天你们就变了，变得有些陌生。（评：都是"你们"，表扬整体）

因为一些事情，晚自习开始了很久我都没有来班内看看，我以为教室里会很乱，在这儿，我想对你们说声"对不起"，当我来到教室门口时，我愣住了，安静，很安静！（评：意外之喜）

我悄悄地从后门进入，发现有五六个男生围在一起。我想你们这是干吗呢。我凑过去时听到，你们说"我算到这一步了"。再仔细一看，原来是在研究数学题。其实这几天，我有几次在班空期间来到咱们班里。每次都能见到好几个人围在一起，或前后位、或同位之间，两两或几个同学利用课间在一起研究问题，相互讨论、交流学习，有的问，有的答。你们做得真好！（评：意外之喜+巧妙引领）

课间操时，有没有发现胡主任和单老师来看你们跳。靠前些的同学有没有听见他们和我说了什么？胡主任说咱们班跳得很棒；单老师夸咱们班拍手特别齐。（评：可能是事实，也可能是"无中生有"）我拍了两个视频发到咱们部班主任群里；因为你们跳得特别好，胡主任把视频转到教师群里了，所有老师都看到了你们的优秀。我为你们感到骄傲和开心。（评：巧妙借力，而且多维度借力）

上课铃声响了，到班儿里来看看。在路上通过一个班级的前门儿，发现有同学在左顾右盼地说话，而且人还不少。（评：绝对是"无中生有"）我就在想咱们班会是一个什么样的情景呢？他们班可是公认的好班啊。但当我悄悄走到咱们班门口时，我并没有发现有人左顾右盼，只有翻书声和笔在纸上书写的声音。（评：意外之喜）

你们的表现我只在参观名校时，经过他们班级时见过。（评：无中生有）

你的朋友　乔朋亚

如果说每天的发现美好、欣赏美好和表达美好是点的展示的话，那么"每周一信"就是面的总结。点面一体，美不胜收。

当然，您可能会问：您不担心班上出这样那样的问题吗？班级真的出现了问题您怎么办？坦率地说，您的思维我特别理解，但不意味着我深切地赞同你，因为我们有着思维或行动的充足的解决办法。

第四节　那些时不时出现的问题

当我们用"管理"思维开展工作的时候，无论当下在做着什么，总是在担心万一有其他问题出现怎么办？

如果您正在专心致志地听一个专家讲课的时候，您会玩手机吗？换个角度来说，作为主讲人的专家，他是强调会场纪律重要呢，还是提升自己的演讲艺术重要呢？自然是后者，因为一旦自己的演讲艺术得到了提升，受众就很容易被他的演讲所吸引；一旦受众被吸引了，自然也就不会睡觉、聊天、刷手机了。

研究如何提升演讲艺术就是"麦肯锡思维"所主张的"核心驱动点"。只有找到了核心驱动点，以核心驱动点作为突破口进入问题的核心，才能有效解决问题，企业才能得到发展。这样做的效率是非常高的，避免了从外围层层剥离所花费的大量时间和精力，因为核心问题周围往往会环绕着很多细节上的问题，这些会分散和干扰视线，而找到关键驱动点，把关键问题解决，其他问题也就迎刃而解了。

通常的教育思维其实是"正确地做事"思维，而不是去思考，是否"做了正确的事"。"正确地做事"与"做正确的事"有着本质的区别。"正确地做事"是以"做正确的事"为前提的，如果没有这样的前提，"正确地做事"将变得毫无意义。对于当下教育来说，什么是"正确的事"？我们第一章花了大量的笔墨分析这个问题，得出结论就是"打造有归属感和价值感的教育生态"。也就是说，我们在做着一件正确的事情。然后就是如何正确地做事的问题。截至目前，我们在做发现美、欣赏美和表达美的事情，而且从内容到时空两个维度，构建起一个立体的又统一于"正确的事"的场。

所以，现在我们做的事情，就是抓住了教育的核心驱动点，又在"正确地做事"，关键问题解决了，其他问题也就迎刃而解了。准确地说，我们把发现美好、欣赏美好、表达美好这件事做好了，班上涌现出来的更多是美好，不美好发生的概率很低。

如果您认为上述仅仅停留在理论层面，或者说"概率很低那也会发生啊？"我们分享一下具体层面的事情。一般我们遇见具体事情采用的两种方法："讲述美好法"和"无意的糖法"。

其一，讲述美好法。即把"犯错"的学生叫到一个没有第三者的场合里，让他讲述班级或学校发生的美好事情。

具体而言，当一个学生出现我们通常认为的"违纪"之后，教师就把学生叫到办公室或者其他场合，让他讲述班级或学校最近发生的美好事迹，（因为这个阶段我们在进行发现美好、欣赏美好、表达美好这件事）第一次讲一件美好，第二次讲三件美好，以此类推。倘若讲不了美好，就做对等数量的美好来"抵债"。例如，第一次讲不了，就做一件好事；第二次讲不了，就做三件好事。以此类推。他做了好事，自然就会被别人看见；被看见并被别人表达出来，对他而言就是幸福感，就是继续向好的动力所在。

这种做法改变了"惩罚"（个人量化扣分也是惩罚）为思维模式的教

育行为，而是坚信只要不断发现美好、欣赏美好、表达美好，再多的"违纪"都可以在美好的环境里得到消解。第一章里，我们提到的猫屎咖啡的故事也是这样的原理。只要我们把大环境做到了美好，"猫屎"会成为醇香的"猫屎咖啡"。所以，我们要给孩子以信任，还成长以时间。

其二，无意的糖法。这是一个比较艺术的表达，其实就是针对比较特殊的孩子，例如，极度内向、极度调皮、心理有点问题的学生，在"发现美好、欣赏美好和表达美好"之外，不太适合其他方法的时候，教师用比较隐形的方式创设和学生交流的契机，从而慢慢打开孩子的心扉，达到改变学生的目的。为了更好地说明问题，我们以濮阳市油田第五小学常亚丽老师的改变学生的真实的"教育叙事"为例。

随意丢下的糖，是有意播下的种

常亚丽

"哟，怎么兜里有块糖！给你吧。"我随意地放在了飞的课桌上，脚步都没停留。

我知道，刻意为之的关爱，有时就是伤害。

何况是飞，这个有些自闭的娃。我不想把责任归结于家庭，孩子在我班上，我有责任把他带好。

梅洪建老师说："只要孩子时时刻刻有被看见的感觉，很多心理问题都可以解决。"于是，就有了我随意丢下的糖，他的心灵，需要一个打开的缺口。

再次和他交流，我左脚踩上了右鞋："飞，帮我到办公桌上拿张湿巾纸好吗？"湿巾纸拿来后，我没有过多言语，只是擦净了鞋面。而在当天他作业本上写下了这样的话：飞，你的帮助让我特别感动！

他用并不工整的字体回复："谢谢老师的糖，能帮老师我很开心。"

我知道，飞的心灵，打开了一条缝。

如果想把心灵的暗幕打开，我要做的还很多。

没过几天，是飞的生日，巧合的是和同组妙的生日是同一周。过个集体生日，就显得很自然。和以往爸妈送一个他想要的生日礼物不同，这次飞所在小组的所有同学和家长都到饭店过集体生日。鲜花、蛋糕、生日歌以及我打来的祝福电话，加上同学之间的赞美之词，竟然让飞心情大好，也能说起了笑话。

他不知道，这是一场精心导演过的生日会。

第二天的作业后面，他主动说起："老师，昨天的生日，是我最难忘的生日，谢谢老师的电话和大家给我的快乐！"

融入一定的场域，就是改善心灵最有效的武器。

于是，我们开展了"最美小组"陈述活动，也就是让每个小组陈述本小组的美好行为，然后，把每个小组的陈述词发到家长群里。

每天如此！

自然，飞会被小组屡次赞美，会被他爸妈赞美，会被所有的家长们赞美。

当更浓郁的氛围形成时，每个孩子的美好都可以被看见，飞自然会被看见。

飞的心灵之门逐步被打开着……

当初随意丢下的糖，是有意播下的种，如今，它正绽放着美好。

第五节 家校协同的前提是理念认同

学校面临的一个重大困境之一就是家校关系变得越来越紧张，因为这个"卷时代"，每个人都被裹挟着前行，家长自然而然地对自己孩子的期望值越来越高。同样学校教育也确实存在这样或那样的问题。自然，家校之间的冲突不可避免，于是研究家校沟通艺术的人越来越多，例如，用什么样的话术、怎样的态度、怎样的场域等。可现实是，沟而不通；或者表面通，而一旦遇到问题就成了一地鸡毛，前期再热乎的话语甚至行动都经不起孩子一次挫折的"拆解"。

因为，沟通需要前提；协同需要理念的认同和方法的引导。所以，每次在实施"发现美好、欣赏美好和表达美好"之前，都需要对全体家长召开一次家长会。在此，笔者把"这一次"家长会的讲稿呈现在这里，方便理解和使用。

尊敬的家长朋友：

晚上好！

开场我问大家三个问题：①您近些年听说过"原生家庭"这个概念吗？您对此深信吗？②您是否很想让自己的孩子学好，但却看不到孩子学习的劲头儿？③您是否发现随着孩子的年龄增长，做父母的越来越没存在感，因为他们不听咱的？

我们先谈第一个问题。只要稍微关注家庭教育的家庭，肯定听说过"原生家庭"这个概念，也基本会深信这种说法。"成年人的所有问题都是原生家庭造成的，童年的不幸就要靠一生来治愈"等是其基本主张。所以，凡是经受过"原生家庭"以及类似的培训的家长就会发现自己原来的很多做法是错的，于是就会反思自己，甚至会觉得自己"罪孽深重"。但真的如此吗？我请大家再思考一个问题。

您见过一个家庭养几个娃，有的成才，有的一点儿也不成器吗？

您一定见过！既然"原生家庭"有如此重要的"决定作用"，那么"成才"的和"不成器"的生长环境，哪个是"原生家庭"？或者说，为什么同样的"原生家庭"却出现了不同的教育结局？

再给大家讲一个真实的故事。

一个朋友把姐姐的微信推送给我，让我给她姐姐做做心理疏导。原因是姐姐把全家人都拉黑了，因为她认为她现在所有的不幸都是她的原生家庭造成的。于是我问她："姐姐是做什么的？"她的回答让我惊讶："某高校的心理老师，并自己开设了一家心理咨询室。"

试想：如果姐姐某天给我们讲如何做家庭教育，如何疏导孩子的心理，您觉得会如何？

把两个问题结合在一起来思考，您就会发现，原生家庭并没有说得那么重要。当然不是说不重要，但不是决定了一切的地位。如果您考过心理咨询师，在考试教材里一定会提到一个观点：心理学自诞生到现在，没有哪个流派是绝对的正确，每个流派都在按照自己的逻辑解释问题而已。

我们再思考一个问题：您有没有发现，尤其是小学的孩子，如果学校里老师讲的是"1+1=3"，您如果纠正说老师错了，应该是"1+1=2"，您信不信，咱家孩子会跟你急，因为在孩子的眼睛里，老师就是神一般的存在。

我们再去思考：给孩子带来心理问题或者产生极端悲剧的直接原因往往是什么？

这个问题当然不难回答。师生关系、生生关系、学业成绩的比较等。

我们分享到此，您会发现学校对孩子的影响很大。所以埃里克森就认为：入学使儿童的社交范围扩大，学校和同伴对儿童的影响变得越来越大，而家庭关系的影响则渐次下降。

有家长可能还是不大相信。那么我再次请问大家：您有没有自己因为性格里的某种不足而做过蠢事？咱们做过蠢事之后是不是痛下决心一定要改正？请问，您改正了吗？没有！南墙都被我们撞倒了几次，我们依然是我们。如果一下决心就可以改变性格里的不足，每个人都可以是完美的人。改变不了，是有基本的心理学依据的：人的内在心理结构在六七岁的时候，基本稳定了下来。也就是说人的性格、气质、行为习惯等基本稳定，后续每一次的决心只不过是心理表层的暂时调节而已。就像橡皮筋被拉了一下，有了个变形而已。而一旦松手之后，橡皮筋又会回到原来的形状。这就是人的内在心理结构的稳定性与心理表层暂时性调节之间的关系，也就是我们即使下了决心依然改变不了自己的根本原因。

但是，人的内在心理结构有没有办法可以改变呢？有！如橡皮筋，只要持续不断地往一个方向拉伸，就可以改变它的形状；只要不断在一个方向上影响人的心理表层，就可以改变人的内在心理结构。关键是谁能一直拉伸人的心理表层？答案只有一个：环境！那么孩子入学之后，与他生活环境关系最大的是谁？老师和同学。各位明白了吗？咱们的孩子入学之后，他所生活的师生环境和生生环境才是影响孩子最重要的因素。所以，无论如何，我们要和学校、教师多沟通、多协同，才能把咱家孩子培养好。

您此时一定会问我一个问题：怎样配合学校呢？怎样协同老师呢？

在回答这个问题之前，我们分析开始提到的第二个问题：您是否很想让自己的孩子学好，但却看不到孩子学习的劲头儿？

这里我们很明白的问题是咱家孩子缺乏内驱力。但很多人不明白的是内驱力从哪里来？靠励志教育和做思想工作讲道理有用吗？请大家允许我讲一个故事：

一次我驾车右转，一个老外骑自行车直行，我便远远地停下了汽车。此时外国朋友停下了自行车，隔着车窗朝我伸了个大拇指。尽管已经不再年轻，但是内心却生出一种幸福感。从此我会更加主动地去让行，也会为我让行的人送去大拇指。因为我知道我的大拇指会让他觉得这次让行值得，他以后会更愿意做这件事。

听完这个故事，我相信大家明白：让一个人愿意做某事的力量来自我的美好被别人看见，并被表达出来。因为这样会让我生出一种叫作幸福的力量。对，这种由幸福感带来的愿意做某事的力量，就是人的内驱力。咱们家孩子没有内驱力的原因就在于他的美好被忽视了太多，而不足却被放大了。但是咱们作为家长应该明白：放大不足不会带来动力，而看见并表达出对孩子美好的赞赏却实实在在能生出力量。

如此，咱何不好好地去发现自己孩子的美！

但是，当孩子入学之后，能够发现他的美更多的却不是我们，而是他的同学和老师。发现的人越多，他被发现的点就越多，他的幸福感就越强，他的内动力也就越足。所以，场越大，孩子向好的力量就越大。

如此，您是觉得"原生家庭"重要呢，还是相信了埃里克森的观点？

如此，咱何不和学校一起为孩子的获得幸福感从而获得内驱力的"场"助力，让这个"场"更大呢？

现在我们再来结合第三个问题——"随着孩子的年龄增长，做父母的越来越没存在感，因为他们不听咱的"继续往下说。

既然孩子不听咱的，而学校中的生生关系和师生关系等又如此重要，咱们何不助力学校呢？表面上是助力学校，归根到底不还是为了咱们自己的孩子吗？如果一边和学校扯皮，又一边幻想着咱们的孩子可以多么多么好，这就是莫大的悖论了。

到此，我相信智慧如您，一定知道该做什么了——对，和学校一起为自家孩子的成长助力。

其实，咱们做的也不可能太多，因为我们不在学校。因为学校的老师们都在发现咱们孩子的美好、欣赏咱们孩子的美好、表达咱们孩子的美好。老师们会有文字或者视频发到咱们家长群里，咱们只管在群里发表文字评论即可。因为你的评论老师们会反馈给孩子，这是另一个发现美的场域，是另一份助力。当然，如果您只是用大拇指点赞，这大拇指不好反馈给孩子们。如果您的点评再加上对孩子在家里的美好介绍那就更好了。

如此，咱们就是在同一个目的背景下用同一种理念在为咱们的孩子成长助力。如此扩大的成长场，会让咱们的孩子成长得更好。

一般情况下，这场逻辑严谨、有理有据的家长会，会让更多的家长因为理念认同而和学校一道努力，让孩子成长更好，让教育更美好。

这也是教师告别职业倦怠的重要依据之一。当然，如果让教师爱上教育、彻底告别职业倦怠，还有更简约却高效的做法，让我们拭目以待。

第六节　让教师从此幸福起来

胡光书在《精益管理实战课》中说："员工积极性的浪费，是企业最致命的浪费。"同样，在一所学校里，教师积极性的浪费，便是学校最致命的浪费。

一线的校长有深刻的感受：咱们学校的教师职业倦怠现象越来越严重。其实不仅仅是咱们学校，中国人民大学公共管理学院组织与人力资源研究所做过一项调查，结果表明：被调查的老师中，超过80%反映压力较大，近30%存在严重的工作倦怠，近90%存在一定的工作倦怠，近40%心理健康状况不佳。根据光明日报《教育家》杂志的调查数据显示：23.57%的教师认为自己处于"极重度压力"，35.69%的教师认为自己处于"重度压力"，34.01%的教师认为自己有"中度压力"，仅有6.73%的教师感觉自己有"轻度压力"。

如此惊人的数据，不是学校发展最致命的浪费吗？但是当我们去找寻教师职业倦怠的解决办法时，就会发现无非是这样几条：减轻教师工作负担，弹性工作时间；给教师更多进修提升自己的机会；提升教师的工资待遇；对教师进行合理的成长规划指导；对教师进行心理辅导……

只是，如果教师的工作量能轻易减轻，还不早就减轻了吗？您觉得在社会分工中，教师的工资待遇算低的吗？那么，另外几条真的能给教师带来职业幸福吗？所以，道理讲了很多，实际能解决的问题很少。

如果要解决这个问题，我们首先要问：幸福的根源是什么？是工作量减少、工资增加、职业规划等吗？显然不是。

在回答这个问题之前，我们先来解决一个大问题。由罗伯特·博世基金会（Robert Bosch Stiftung）主导进行的名为德国学校晴雨表（Deutscher Schulbarometer）的调查显示"应对学生的行为"被35%的教师称为"最大的挑战"。我们先把来自学生的挑战这个问题解决了，再谈其他问题。

为节省大家时间，您回头读一下本章的1~5节的内容。您细品，还有多少学生的行为需要应对呢？如果您觉得还不够，本书的后面几个章节阅读之后，您一定会觉得"足够"了。所以，这里不再赘言。

那么，幸福的根源是什么呢？

或许这个问题也是不需回答的问题，因为前面我们已经提到阿德勒的话：人的需要无非两种，一是归属，二是价值。只要满足了人的归属感和价值感，自然人就可以获得幸福。

所以，让教师幸福起来的方法，就是满足教师的归属感和价值感。当然，教师能够获得幸福的途径无非就是同事、学生和家长，主要是来自学生和家长。

曾经和老师们交流家校共育话题的时候，问过大家一个问题：家长首先是什么？答案丰富多彩，而唯一没有的答案就是"家长首先是他的孩子的爸爸或妈妈"。因为如果忽略了这个最原始的答案，就无法考虑到家长的真正需求，就无法带来家校的真正共育。因为家长首先是他的孩子的爸爸或妈妈，那么他在你的班级在你的学校一定是有所期待的，而这份期待最基本的就是身心的健康和学业的优秀。那么，作为教师、作为学校，你要让家长看到这份希望，家长才会与您建立"共育心"和开展共育的行动。所以，教师的作为，才是家校共育以及咱们下面要谈的所有做法的前提。

这里笔者要补充说明的是，同样的事情，在合适的节点做，就是好事；而在不合适的节点做，将会适得其反。在实践操作中，我们采取了如下几种做法。

第一，表达园地，让学生把爱说出来。

在教师不断发现学生的美好并不断欣赏和表达美好之后，整个班级和校园里发现美、欣赏美和表达美的教育场在逐渐形成，每个孩子的心理表层以至深层都在慢慢被浸润。此刻，可以同时开展两项行动："发现老师的美行动"和"让我看见你的美行动"，如图3-2所示。

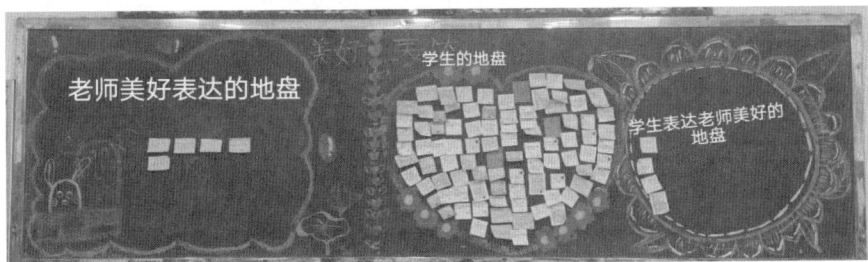

图3-2 表达美好的地盘

"老师美好表达的地盘"是教师随手把自己发现的美好贴上来；

"学生的地盘"是学生把自己发现的班级美好的人和事用贴纸贴上来；

"学生表达老师美好的地盘"就是我们这个阶段的重点，让学生把发现的老师的美好贴在这一栏。

小贴纸上，要签上发现美好的人的名字，因为能发现别人的美好的人，也是内心美好的人。

每当有新的贴纸上来的时候，同学们都会自发围观，教师也会不自觉地看看那个被表扬的自己，内心的幸福油然而生。

为在全校形成风气，在校园的几个关键场地，这样的"三栏"黑板都有存在。这种公开表达"爱与赞美"的行动，在培育着学生的灵魂，孕育着学校的风气，也幸福着教师的内心。

第二，作业本不仅是作业本。

首先邀请大家看濮阳市油田第五小学郭梦梦老师发来的"喜报"：今天意外改了两个组的作业，已收到四个孩子的表扬有点儿受宠若惊，求指点。为什么郭老师会在批改作业的时候得到学生的表扬呢？这样的表扬该如何引入、如何操作以及如何持续呢？为了更好地说明问题，笔者在这里大篇幅引述梅洪建老师《简约的力量》中的文字来说明——

那天一个叫露的姑娘，在自己的语文作业本后面写下了这样一段话：老师，谢谢您把每道题目都挨着批改了，表现真不错，发三朵小红花，表扬一下。

然后，就在作业本后面用红色笔画了三朵小红花。就是这三朵小红花让我特别激动，我从来没有被学生这样表扬过，于是就在办公室大声宣告："同志们，把手头工作停一下，听我读段文字。"然后我就把露写的那段文字大声读了一遍，语气里流露的满是幸福。办公室的同事也都会心地笑了。同事小朱突然给我"补了一刀"："三朵假花儿，至于这么嘚瑟吗？"

我真的很嘚瑟，因为我感受到了幸福。

那天课间，我拿着露的作业本走上讲台："同学们安静一下，现在我给大家分享一段文字，是露写在语文作业本后面的。"于是我满怀喜悦地把露的文字又读了一遍——

老师，谢谢你把每道题目都挨着批改了，表现真不错，发三朵小红花，表扬一下。

读完之后，很多学生说："切，这有什么高兴的！""至于这么开心吗？"等。我收住脸色，非常严肃地问："同学们，如果有一个人夸奖你，你会高兴吗？"当然，这是一个不需要回答的问题。"我收到露的表扬我忍不住喜悦，我就会非常喜欢露，如果咱们班每个人都表扬我，我就会爱你们每一个人，我就会爱咱们这个班，我就会为了这个班级鞠躬尽瘁。同学们，大家想想，如果我们的科任老师被咱们表扬了，他会不会也和我一样高兴？他会不会喜欢咱们班同学？他会不会爱上咱们班？一定会的。一个老师越爱某个班级，他就会在哪个班级上课发挥得好，就会为哪个班级更多地付出。这是一个人的正常心理。"

不是吗，各位朋友？咱们是不是喜欢哪个班在哪个班上课就情绪高昂，就会讲课更精彩，甚至内容更丰富？这不是负责不负责的问题，而是情绪和情感的自然结果。

"同学们，如果咱们感觉某个老师某天的某一点值得你为他点赞，为什么不给老师点赞呢？因为你的点赞，是对老师最大的认可，是给予老师最好的幸福。老师幸福了，就会爱上你，爱上咱们班，所有的老师都爱咱们班，咱们班就一定能成为最好的班。"

道理一旦说通，学生们都会懂。但是如果引导失误，也会适得其反。所以，接下来我提了几点要求：

（1）不要为写而写，要实事求是有感而发。（真诚才能感动人，为写而写就会失去真诚）

（2）不要人人都写，更不要为人人写，更不必天天写，只选择你认为值得写的人和需要写的时候再写。（写多了，就会泛滥，泛滥了就失去了意义）

真的，接下来就不断有老师向我"炫耀"学生们对他们点的赞了——

英语王老师拿来了好的作业本，上面写着："老师，真的感谢你，周四主科比较多，作业量就比较大，您总是在这天少布置甚至不布置作业。我们因有您这样善解人意的老师而骄傲。"

物理老师丁拿来了逸的作业本，上面写道："老师，您像个大学生，下课的时候总是喜欢'拖堂'。但您的拖堂不是啰嗦地讲解，而是经常和我们玩推手的游戏。喜欢您这样的老师，不摆架子，总能和我们玩一起。当然，我很喜欢你的课哟！因为，我喜欢你这个人。"

化学老师刘是个有些拘谨的老师，那天早饭的时候，还是忍不住和我分享了他的喜悦，他说："梅老师，你们班的学生真懂事儿，连批改作业，也能让我感到很舒心。昨天，斑在作业本上留了一句话说'老师，您的字好帅哟，如果我能写这样的好看的字儿就好了'。呵呵，我从来就没见过还有学生在作业本儿上给老师留言的。你们班的学生开了先例。"

…………

我们的科任教师会时不时到我的办公室分享他们的幸福。亲爱的朋友们，如果只是让教师感受到了来自学生的幸福就算作是目的，这种幸福是不会延续太久的，因为学生的点赞也需要动力支持。学生的点赞给予教师动力，但学生也需要来自教师的动力，二者动力的良性互动，才是良性的发展。所以，我对科任教师们说："谢谢大家对咱们班的厚爱，咱们的这份喜悦只是在我面前表露作用不大，因为我也在感受着来自学生的喜悦。如果我们把这份喜悦在学生面前表露出来，他们才会觉得自己为老师的点赞得到了回应，他们的点赞得到了认可，这种认可感是学生持续为我们点赞的动力所在，也是我们师生和谐的保障。"

正是因为科任教师们感受到了幸福，所以沟通起来很畅通。大家都不忘在教室里表露自己的幸福感。如此，师生之间就有了自然和谐。

第三，有感而发你就写封信吧。

请大家看山东省成武县一名教师发给梅老师的短信（图3-3）：

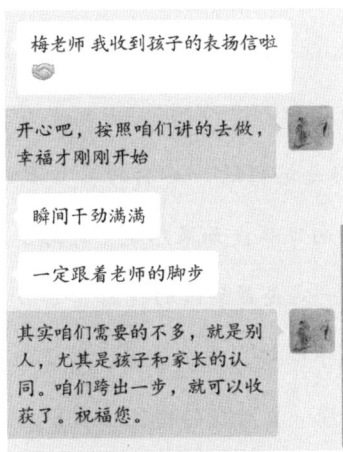

梅老师 我收到孩子的表扬信啦

开心吧，按照咱们讲的去做，幸福才刚刚开始

瞬间干劲满满

一定跟着老师的脚步

其实咱们需要的不多，就是别人，尤其是孩子和家长的认同。咱们跨出一步，就可以收获了。祝福您。

图3-3　给梅老师的信

在这则短信中，第一条消息您能感受到她的兴奋；第二条消息您能感受到她由此而获得的力量。所以，教师需要的并不多——别人的认同而已。所以让教师幸福起来的方法也简单，自己的美被看得见被表达出来，从而让工作与生活充满希望而已。这其实就是归属感和价值感的满足。一个简单的表扬信，就让教师"满血复活"，倦怠何存？

再邀请您看下面这封信，郓城县唐庙镇中心小学胡淑甜老师班上的孩子深夜写给胡老师的信——

亲爱的胡老师：

您好！

写这封信时已经很晚了，但我在睡觉时，突然想起还没给您写信呢！于是我穿上衣服立刻爬起来，坐在灯光下，妈妈已经入睡了，我悄悄地打开灯写了这封信。

胡老师好想夸一下您，您今天穿的衣服不得不说是真好看，果然穿在您身上的衣服都是漂亮的。老师，今天我们惹您生气了，您消消气，是我们做得不对，您这么信任我们所有人，可我们却让您失望了，我们一定会改。

您的每一次笑容都是灿烂的、美丽的、真诚的，如果您是一朵向日葵，那一定是最灿烂的向日葵；如果您是一片海，那一定是最广阔的海；如果您是一座花园，那一定是最甜蜜的花园。

您的鼓励在岁月之中响起，多么清响。是您让我的成绩变优秀，是您坚持不懈地鼓励我，是您一直对我的信任与教导，才有了现在的我。

希望您夜晚的梦是甜蜜的，希望您每天是美好的，希望您的亲人都是健康的，希望您每天都有可爱的同学们陪伴，我们爱你！

您的学生：仲琳娇

这封信真正让人感动的不是信的内容写得有多好，而是这个孩子在父母已经入睡的半夜里，自己爬起来给老师写信。这该是多爱这个老师啊！胡老师并非是第一个学期教她，而是已经教了一年半了。为何此时想起来，而且是不可遏制般地想起来给老师写信呢？仅仅因为"发现美好、欣赏美好和表达美好"行动的落实，影响了孩子的心灵。

第四，一份作业，说说老师的故事。

当师生不断"发现美好、欣赏美好和表达美好"进行到学生开始在作业本后面为老师点赞，开始有意识地在校园"三栏"黑板上贴自己老师的美好，开始自发地写信给老师的时候，我们会安排所有的实验班、实验学校和实验区的老师们给学生布置一个家庭作业：回家给父母讲讲老师的故事。可以讲述自己发现的美好，也可以讲述别人发现的美好。此时学生扮演的是家校沟通的"第三人"角色。因为学校领导再怎样说教师好，教师说自己的履历有多么辉煌，在家长的心里都抵不上自家孩子说老师一句好。所以，这份作业是必要的，它是家校共育的铺垫，也是让家长有创意地为教师助力的铺垫。

只是，这份作业一定是教师不断把班级美好、学校美好通过微信群或其他方式传递给家长，让家长感受到孩子变化、班级变化之后的事情。否则这份作业时间一久就会引起家长们的反感。

第五，引进"第三人"，化矛盾为大力支持。

第五节我们详细介绍了一个家长会，引导家长从理念到行动与学校协同育人。在为班级美好点赞的同时，也会表达对教师的赞赏和感恩。但是，正如澎湃新闻2023年10月31日报道中所言："家长动不动就打12345市民热线，一是可能找不到别的沟通渠道，二是感觉别的渠道可能会因为校方'和稀泥'而形同虚设。可一旦有'接诉即办'且纳入学校综合评估的投诉热线介入，学校往往会选择息事宁人，甚至为平息舆论不分青红皂白就拿涉事老师开刀。"所以，一线教师面临极大的压力，这样的问题该如何解决呢？

（1）用工作实绩，让家长感受到班级的变化和孩子的进步。这点我们的"发现美好、欣赏美好和表达美好"行动已经在做了，也一定会让家长感觉到孩子和班级的明显变化。

（2）借助学生这个"第三人"，不断讲述教师的美好、班级的美好和学校的美好。这点，也已经做了。

但是，无论你怎样去做，家长的需求是各式各样的。你做得无论怎样好，总会有人不满意，总会有人动不动去投诉。但几乎在我们所有的试验班、实验学校、实验区都没有被投诉的事情发生。一方面是因为我们的上一次家长会构建了彼此认同的协同共育理念，另一方面研究院作为"第三方"为家长们召开第二次家长会。

（3）召开家长会。这次家长会的召开时机一定是在前面提到的前四种方法开始之后的两周之后，否则也会适得其反。其基本内容为——

尊敬的各位家长朋友：

晚上好！

最近阶段，咱们是不是经常看到老师们在群里分享的班级美好事迹？您是否感受到了教师和学校的良苦用心——因为我们都懂得，只有美好才能带来美好。无论咱们的孩子基础如何，这种"发现美、欣赏美和表达美"的做法，都会让咱们的孩子成为最好的自己。您是不是因看到咱们孩子和班级、学校的变化而心生宽慰，从而发自内心地为老师和学校点赞？咱们孩子回家后是不是会喋喋不休地给您讲述学校里发生的关于班级、同学和老师的各种美好事情？

是的，一定是的。

其实，这就是一个大的美好场在形成。而这个场越大，效果越好，咱们的孩子受益就更多。但（以下内容采用的是"无中生有"的话术）我们的很多实验区里，不少家长，说句玩笑但也有些认真的话，总是拎不清，动不动就来个电话投诉。我们总觉得这不是最明智的选择。因为无论怎样，教师在努力地用科学的方式——就是咱们正在感受的"发现美、欣赏美和表达美"的行动——为咱们的孩子努力地工作着。人生有一种悲哀，就是我在前面为你冲锋陷阵，你却在后面向我开冷枪。这样的做法总能凉了老师的心，心凉了，事情就坏了，事情坏了，受损失的还是咱们自己的孩子。可能您会说，确实有老师做得不好，很让您生气。的确，就像班上的孩子一样，不可能每个人都让人满意。但教育的作用之一就是让不完美变成完美，而不是因为不完美而打击。对待学生如此，对待老师也不是如此吗？

智慧的家长总是会用最巧妙的方法为教师助力，激发教师的积极主动性。因为您激发了老师的积极性、激发了老师的幸福感，他就会更喜欢咱们班，更喜欢咱们的孩子，更愿意为班级为咱们的孩子付出。那么谁在受益？不言而喻。所以，为了咱们孩子，不妨学会助力。

曾经和一个气呼呼举报老师的家长交流过——

您为啥要举报老师啊？

因为感觉这个老师有问题！

那您举报的目的是啥呢？

让老师改正，对小孩好一点儿。

各位，咱们听到这里，您是什么感受？我们往往会犯这样的错误。殊不知，老师不是耶稣，您打了他左脸，再伸给您右脸。咱们孩子在他的班上，他不给穿小鞋就是好老师了，怎么可能因为您的举报而对您的孩子和班级更好呢？明智的选择是沟通，或者直接写表扬信给校长室。一封不行写两封，两封不行写三封。我就不信这个老师不知道表扬信是您写的，如果知道了三封都是您写的，什么样的老师不会改变？看会不会对咱家孩子更好？

后来这个家长告诉我说："就一封信，我们就打开了友好沟通的大门。"处理问题就这么简单，正向的美好表达能创造美好，而反向的投诉等，却会适得其反。

我遇到过一个家长叫陈伟，那是特别有心。每个月末他都会给科任教师送一个透明的玻璃瓶，瓶子里放满了小纸条。纸条上写的全是一家三口在家聊天时夸赞老师的话语。对于这个班的科任教师来说，谁会不幸福满满？谁会不干劲儿十足。而受益的恰恰是咱自己的孩子。陈伟的儿子叫陈施培，原本一个成绩一般的孩子，最后考入了南京农业大学。大三就被保送了中科院的硕博连读。有时候想想，家委会是做什么的？估计一个很重要的职责就是有创意地去为教师助力，激发教师的工作积极性。因为他的积极性被激发了，咱的孩子就受益了；相反的做法，只能是相反的结果。

还有就是引导孩子们做小手工，有家长们用心做的手工蛋糕，也有为鼓励老师做的锦旗（不是很鼓励，只是为了说明问题），等等（图3-4）。这些有创意的做法，都在最大限度地调动着老师们的工作积极性。当然也在无形中引导孩子尊敬老师的良好品德。

为了咱们自己的孩子，咱们做点工作又何妨？

上述内容，作为校方中的任何一个角色都不太适合讲，但作为"第三人"，例如研究院的研究员们就可以去讲，因为这是第三方立场。

图3-4 孩子们的手工作品

综合上述五种做法，作为教师或者作为校长，您不是时刻沐浴在幸福之中吗？如果您调动所有的学生、家长们参与的积极性，您教50个孩子，就有大约150人为您点赞。这个世界上还有比教师更幸福的职业吗？

这不是工作量的问题，因为这个世界上任何一项职业都不是那么幸福的，也不是工资待遇问题，因为相对而言，教师的工资待遇还可以，而是教师的归属感和价值感有没有得到满足的问题。

当然，如果同事之间也可以如此美好，那么整个校园里充满的将都是幸福和美好。

第四章

破局策略让美好趋向高品

"聚焦小组"是目前最好的教育方式，甚至可以说没有之一。这种教育方式出现的最大的功用不在于解决了现行教育存在的问题，而在于促生着更多您预想不到的美好；它破解教育困局，让教育由美好向高品质进发……

第一节　运行困局与突围策略

教育如果脱离了基本的人性和基本的心理学常识绝对不能获得成功。例如，我们常说"三分钟热度"，对于80%以上的孩子来说，这就是基本的心理学常识。所以，这也就意味着我们在教育孩子的时候，不要幻想一种做法——无论这种做法有多好——可以一劳永逸，获得成功。

这也是很多教师的困惑：一开始蛮好的，怎么做着做着就出问题了呢？

例如，我们前一阶段实施"发现美、欣赏美、表达美"的教育方式，确实让师生关系、生生关系、家校关系等发生了很大改变，整个校园呈现出一派新的气象，但走着走着，就开始出现问题。

第一，学生的兴趣减弱，甚至出现无所谓的现象。

这属于非常正常的现象，因为我们整个项目的实施过程，其实就是不断由整体环境趋向自我关注的过程。也就是说，前期很多做法都是着眼于整体环境的打造，靠氛围营造来影响，从而促进班级和学校的整体发展；而后期的做法逐渐向"我"靠拢，与个体的关联性越来越紧密。这样才能让作为个体的"我"越来越关心自身的班级乃至学校的发展。各位如果细心的话，就会发现前一阶段的"发现美、欣赏美和表达美"中，所有的话术表达指向的都是班级环境、学校环境等的整体建设，与这个群体环境中的个体关系不大。它可以支持一段时间，一般时长为4~6周，但不会一直支撑下去。例如，一所学校突然被上级奖励了100万元的奖金，一开始大家都会很兴奋，但随着时间的流逝，大家发现这100万元和自己没有半毛钱关系，那么大家的兴奋劲儿就会减弱。

所以，再美好的东西，时间一久，会让学生有审美疲劳。出现学生的兴趣减弱甚至无所谓的现象根本原因是"发现美、欣赏美和表达美"与"我"关联性不是很大，而更多的是整体班级氛围的构建。

这里有一点必须为大家释疑：既然咱们的做法是由整体氛围构建到慢慢趋向于对个体学生的关注，为什么不开始就关注个体，对个体进行评价呢？

这个问题需要从两个角度来回答。

第一个角度：个体评价的副作用。

个体评价的副作用也分两个层面：考核性和成全激励性。

（1）如果是考核性的，请允许我讲两个故事——

故事一：这是一个老师的困惑："尽管采取了聚焦小组的做法，但是我班一个小组一点都不团结，没人主动发言，没人主动发现别人的美好。组织他们小组召开会议，结果一个小组相互埋怨。于是我就让他们加强小组个人量化分的运用，结果组长一个人给自己加了10分，一个小组就又闹翻了。我该怎么办？"

各位思考：这个小组不团结的根源在于哪里？是不是因为有了个人量化分的运用，导致每个人都盯着自己的量化分，而忽视了整体利益？而教师对学生评价时，是评价到小组层面。这样就会导致：小组胜出，则皆大欢喜；小组落选，就会指向个人量化分较低的同学。久而久之，这小组还能团结吗？

故事二：学生王某，几乎每个早读都迟到。我作为语文老师感到很奇怪，一天早晨就问他："你怎么天天迟到啊？"

"我故意的！"

"为什么？"

"我的个人量化分马上扣了40分。班主任说低于60分警告，低于40分记过，低于20分记大过，扣完开除。我的分数马上就低于60分了，我就等着低于40，低于20，直到扣完。我就不信，就故意迟到，他敢把我开除。他敢开除我，我就敢把校门拆了！"说话时，他的气愤溢于言表。

各位思考：这是高中生，还可以开除。但是你真的要开除吗？如果开除不了呢？您又该如何开展工作？而且，义务教育阶段你能开除吗？

总之，您试图通过量化考核来教育好学生，可能吗？

（2）如果是成全激励性的，其实就是抓住了"评价"的本义。"评价"一词最早来源于拉丁语，它的本义是"因高贵而值得珍视"。意味着我评价你是因为你的优秀值得我欣赏或者崇拜，评价的作用自然是给予被评价对象以力量。

只是，现行的教育评价，大多是要"区分"，还以为"区分"就可以促进成长；要么就是研究多"几把尺子"来区分，殊不知"尺子"再多也是用来量的。

我们的教育对象是中小学生。来自教师的一致的赞赏和表扬，前期会令其产生动力，但随着时间的推移，会出现两种结果：一是无所谓；二是飘了。

第二个角度：直接聚焦个体的"遗患"。

尽管在"发现美、欣赏美和表达美"过程中，我们强调对班级整体进行美好表达，而不要聚焦到个体身上，因为这样会产生"优势性伤害"，最终伤害到群体。但是还是有不少教师在表达美好时，对个体同学的个体事件进行点赞。这就是咱们在讲述品牌班级时提到的，要注意小组之间的协调，不然就会出现：你优秀你上，我不玩了。

所以，班级学生兴趣减弱是一些教师没有把握好分寸，还与不点赞个体有关。

第二，教师的言语有些"词穷"，翻来覆去就这些话术，甚至让学生"未卜先知"，有嬉闹出现。

这是最正常不过的事情了，因为老师们常用的话术就那几种，学生很容易掌握老师的套路。但是，这并非意味着学生掌握了套路教师的美好表达就不能延续下去，能否延续下去的关键在于：是否真诚地满足学生的心理需要！

例如，同学们，我又被你们的晨读征服了！想不到大家居然坚持了四天，天天都来这么早。能做你们的班主任，我骄傲，我自豪，是你们一天又一天的努力和坚持，让我骄傲和自豪。

如果说一次，同学们可能会被激励；如果说个两三次甚至更多，大家都会感觉老师太夸张了，有点假。当学生开始认定教师"假"的时候，每次老师的表达在学生的眼睛里就可能是在演戏。所以，表达美好，一定让学生感觉到您的真诚，是真心实意地为他们的表现而骄傲。这才是满足了学生心理需要的表达。

第三，天天被表扬，学生有些飘，反而班级整体状况不再那么多美好。

发现、欣赏并表达美好的目的，是衍生出更多美好。所以，当没有"衍生"或者"衍生"打折的时候，要么是这种做法到了需要更换的时候；要么是教师的赞扬性有余，而引导性不足。美好表达，虽然不能每次都带有引导性，但引导性是不能缺失的。

例如，位晓宁老师的表达：孩子们，今天位老师又来给大家分享美好的事了。大家猜一猜今天的路队有没有被表扬？孩子们异口同声地说："又又又被表扬了！""对！大家再来想一想，被表扬的时候都是谁在送队啊？"孩子们说："位老师。""你看，每次我送队的时候大家都能被表扬，因为我相信你们能够做好这件事。那如果不是我送队，你们还能做好那就更厉害了，我想看看下周你们能不能给出我正确答案，期待你们的下一次和每一次……"

不需要笔者做任何解读，您能感受到引导的力量。

那么，针对这个阶段上述三种比较典型的问题，它的突围策略在哪里呢？

其实，分析问题的过程，就是寻找解决问题的过程。自然我们也得承认，第二、第三个问题的核心是教师话术存在的不足；我们更得承认的是，我们坐在这里做文字分析时很容易，但在实际运用时没那么容易。每个人的能力是有限的，总会有各种各样的不足。当"先天不足"遇到实际问题的时候，一般是两种途径：一是克服不足，二是换个赛道。

既然是"先天不足"，克服起来当然是非常困难的事情。换个赛道容易，关键是往哪个赛道上换？它能解决上述问题吗？它能让班级或者学校走向更高水准的道路吗？

其实答案已经在对第一个问题的分析中了，那就是构筑一种能够与学生个体关联相对紧密的新生态。那么，这样的新生态如何构筑呢？

第二节　聚焦小组的实施细则

前天晚上大概10点多，一个其他年级的家长咨询我，想让她二女儿跟我学，放我班里。询问才知她大女儿原来在我们学校，她曾听过我讲的课，一直关注。现在想把她家二女儿从别的学校再转回我们学校。我一问才知她女儿比我教的高一级，我说不能跟我上，不是一个年级。她竟说不是问题，她家女儿可以留级。

这样疯的家长我也是服了。给老师说这个事儿，其实是想向老师表达感谢。没想到，您教的这种方法竟然如此神奇——一位试验班老师的留言。

这位老师所说的神奇方法就是"聚焦小组"。

什么是聚焦小组呢？简单来说就是将"发现美好、欣赏美好和表达美好"由教师的发现、表达转向学生的发现、表达，发现美好的范围是本小组内部，表达的内容也是本小组的美好。

可看到这里，肯定有朋友会问：您这不还是"发现美好、欣赏美好和表达美好"吗，没啥新东西啊？这个问题笔者暂且不去解释，在我介绍"聚焦小组"如何操作过程中，可能您就找到了答案。

一、郑重的仪式

这场仪式一般由经过培训的班主任或作为"第三人"的研究院的研究

员组织召开。"第三人"效果会更好，因为"外来的和尚会念经"，孩子们对专家内心有一种崇拜，听讲时候的心理状态会更好。仪式的目的不是简单的启动，而是告诉孩子们为什么这么做以及这么做有什么前景。

这里说几句题外话。很多校长或者教师总是安排事情，而不懂得去解释为什么这么做。安排下去的事情，对于被安排的人来说就是"任务"，但是没有多少人喜欢任务。而揭示了为什么这么做以及这么做会有怎样的前景，执行人就是为梦想而做，为未来的愿景而做。所以，作为校长和教师，把一些事情的来龙去脉说清楚，更有利于工作的开展。

我们接着说聚焦小组的启动仪式问题。在启动仪式上一般我们会和学生们有这样的一个交流。

亲爱的同学们：

大家好！

我先问大家一个问题：你想不想学好？（学生肯定回答"想"，当然也可能会有个别学生回答"不想"。如果有这样的回答，则说"凡是回答'不想'的，要么是没有学习的动力，要么是没有看到学习的希望。那么今天，我将给大家分享一种获得动力和看到希望的方法"）你想学好就能学好吗？肯定不能！因为心想事成只会发生在祝福里，现实是学好是需要方法的。

我再问大家一个问题：学好最重要的是什么？学习的动力！那么，学习的动力从哪里来？妈妈有没有给你讲过学习的重要性？有没有给你讲过通过学习获得成功的故事？有没有给你讲过不好好学习会有多惨？一定讲过吧。请问，你会因为妈妈给你讲了这些道理而充满干劲儿，就获得了学习动力并开始好好学习吗？（学生回答"不会"）是的，不可能一讲道理你就获得动力的，因为爸妈讲的道理其实你都懂，只是你管不了自己而已。

如此，我再问大家一个问题：如果某次你没有考好，你会不会下决心我一定好好学习，争取下次考好？（学生回答"是的"）请问你坚持到下次考试了吗？还是走着走着就把决心和誓言给弄丢了？但这不是你的错，因为你是个人，是人就会出现这样的情况。这是怎么回事儿呢？我给大家解释一下。

人的内在心理结构，就像这个橡皮筋儿的圆环，在咱们进入小学之前就基本形成了。一旦形成了，就像这橡皮筋儿，你怎么拉它，一旦你松手了，它就会回到原来的形状。你考差一次，或者你犯了一次错误，其实就等于你拉了一下橡皮筋儿。所以，无论你此刻下的决心有多大，都会返回到原来的样子，无非是决心大了，返回的时间久点儿；决心小的，返回的时间短点儿。那你可能会问我：老师，有没有办法让我的决心不返回呢？

当然有！不然今天的交流就没有意义了。只要我们一直朝着一个方向去拉皮筋儿，就可以改变它的形状，自然就可以把决心坚持下去，直到成功。关键是，这个拉的力量从哪里来呢？就像我们前面问大家的，学习的动力从哪里来呢？其实，它俩是一回事儿。

给大家讲个真事儿：一次我驾车右转，一个老外骑自行车直行，我便远远地停下了汽车。此时外国朋友停下了自行车，隔着车窗朝我伸了个大拇指。尽管已经不再年轻，但是内心却生出一种幸福感。从此我会更加主动地去让行，也会为我让行的人送去大拇指。因为我知道我的大拇指会让他觉得这次让行值得，他以后会更愿意做这件事。

听完这个故事，我相信大家明白：让一个人愿意做某事的力量，是我的美好被别人看得见，并能够表达出来。因为这样会让我生出一种名为幸福的力量。对，这种由幸福感带来的愿意做某事的力量，就是人的内驱力。我们没有学习的动力，我们下决心管不住自己，就是因为缺乏内驱力。而内驱力缺乏的主要原因就是我们的一点点好事、一点点进步、一点点改变没有看见，或者看见了不说出来。如果真的这些被人看见了，并且说出来了，我们每个人都会生出力量，都可以向好。如果看见我们的人多了，那么发现我们的优点我们的美好就越多，我们获得的幸福和力量就越多，我们就会变得越好。

我继续给大家讲点真事。这个芒种的季节，我收到了海南朋友寄来的芒果、湛江朋友寄来的荔枝、襄阳朋友寄来的黄桃、深圳朋友寄来的杨梅、烟台朋友寄来的樱桃、杭州朋友寄来的甜瓜……你可能会说：老师，你好幸福啊！其实，我想说的是：如果人家寄给我了，而我不知道去还，人家还会继续给我邮寄吗？不会！这就是礼尚往来。人家对你好，你得对人家也好，相互的好，才能让美好延续下去。

我相信大家已经懂了，当我们想让别人发现我们的优点和美好并表达出来获得力量的时候，我们也要善于发现别人的优点和美好，并善于表达出来。只有这样，才是"美美与共"。如此，我们每个人才能不断获得前行的力量，如此我们的决心才不会落空，如此我们的生活才能充满幸福。

有人说，"所有的为别人，最后都是为了自己"。我认为是有道理的。它的前提是你得先为别人。我相信，聪明的人，一定知道该怎么做了？也就会理解了前一阶段为什么老师会不断地发现班级的美好、欣赏班级的美好，并表达出来。因为老师们想通过自己的言行，唤醒全班同学能够主动发现美、欣赏美和表达美的能力，是为了让大家在相互的发现与表达中彼此获得力量。

所以，今天我们这个仪式，就是"聚焦小组"的启动仪式。接下来请我们同一个小组的成员相互发现美好、欣赏美好并表达美好。让我们组员之间彼此温暖、彼此成全、共同成长。

可能有同学会问：这么表达真的有用吗？

那么，我问大家：在这片水泥地上放一些化肥、浇一些水，它会发出芽、长出苗、生成干、开花结果吗？不会！为什么呢？因为没有种子。开花结果的最大前提就是得有种子。种子的最大特点就是它有向上生长的可能，这个可能就是我们有向上的力量，不就是我们前面所谈的内驱力吗？所以，咱们老师前一段所做的事情和下一阶段我们要做的事情，就是在我们的心灵上播种种子。这是最难的一个阶段，一旦有了可以向上生长的种子，后续就简单了许多。所以，各位，无论咱们现在的成绩如何，只要你愿意成为种子，我就可以让你长成理想，结出硕果。

你可能会问：你怎么这么确信？

我给大家再讲个真实的故事：小时候有一次父亲让我到田里去给玉米苗施化肥。结果我就去了，结果没过几天，凡是我施肥的玉米苗都死了。于是我就被父亲揍了一顿。请问"我施肥的苗儿为啥会死掉？"对啊，化肥施多了，给烧死了。这就告诉我们，水浇多了会被淹死，水浇少了会出现干渴；化肥施多了会被烧死，化肥施少了会营养不良。怎么办？合适的阶段浇适量的水、施适量的肥才是科学的育苗。

大家还记得前面我们提到的拉橡皮筋儿吗？大家如果有经验就会知道，起初拉的时候阻力很小，越拉阻力就越大，我们用的力气就得越大。在心灵上播种之后，让秧苗生长最合适的方式就是在不同阶段施加不同的拉伸力，而这个拉伸力其实就是科学的励志。也就是说，我们通过"聚焦小组"播种之后，后续的一个学期或者一年，我们的重心会往学习上引，而且是有节奏地、科学地引。这就意味着，下学期我们的学业成绩会很凸显，会甩开别的班级和别的学校。

按照科学的节奏，让每个学生成长得最好，而这个节奏之前肯定没人给你讲过，也就意味着别人没做过。我们做了，所以，我们的未来可期。

无论你的基础如何，做好"聚焦小组"工作，就是最美的起步！

这样一个交流，对学生的触动很大，因为他们明白了自己在走的路是什么，为什么走，以及会有怎样的结果。大家可以从三个孩子（郓城县南城中学初二王雯班）所写的文字中感受触动。

（1）在没上您的课（指这次"仪式"）前，我认为鼓励、幸福不过是嘴皮子的功夫，上完后，我觉得这是生命中最美好的时刻。我一定会谨记您的教导。（曹雨鑫）

（2）人生的道路上暗淡无比，您的话就像一束亮光带领我走向光明的远方。（刘家瑞）

（3）特别喜欢您说的话，我也特别想做您的学生，因为你的说话做事风格十分好，我想做你的义子了都。（刘益初）

从字体看以及文笔看，这几个孩子并非特别优秀的孩子。但是，因为这场"明白"，我相信他们一定有个灿烂的未来。启动仪式是为了让每个孩子明白做事的原因，相信有个值得期待的未来，这是孩子们能把这件事做好的"意愿性"前提。

二、表达的内容

表达的内容是本组所有成员的温润美好的事迹。这句话有关键词：本组、所有成员、温润美好，也就意味着其他小组成员的事情跟自己无关，自己关注小组内部的事情。这样就使得小组内每个成员都可以得到关注。而关注温润美好的事情，意味着要忽略存在的问题、缺陷等，用正向的发现培养美好的人。

我们知道，问题学生之所以会产生，就是因为归属感和价值感的缺失。通过这样的表达，小组内部每个人都可以得到关注，让每个人的美好都可以被表达，每个人都可以被激励，被看得见；通过发掘小组成员的温润美好，就可以让每个成员都得到尊重。众所周知，问题，尤其是心理问题产生的一个重要的原因是某个人的优点，别人看不到，而缺点被放大导致的。当我们的表达要去忽视不足的时候，被放大的是优点，被看见的是进步和美好，所以，它可以促生更多美好。更重要的一点是，这是在真正地育人。因为很多人骨子里有一种缺陷——见不得别人好。当年的"乌台诗案"，让一代才子从此人生多舛，就连著名科学家沈括，也曾因嫉妒而伤害过苏东坡。他批评苏东坡的诗中有讥讽政府的倾向，然而他们曾经却是好朋友，他拿来抨击苏东坡的诗，正是苏东坡与他分离的时候送他的诗。很多人不理解，沈括为什么会伤害苏轼。后苏辙一句话算是道破天机："东坡何罪？独以名太高。"苏东坡有什么罪？只不过是因为他的名声太高太大，遭人嫉妒罢了。如果我们用"聚焦小组"的方式，让组内的人发现身边人的好，并表达出来，我们就是在培养实实在在的"顶天立地的"大写的人。

例如，王灵珍老师班上智慧组的表达：

尊敬的老师，同学们，大家下午好，我是智慧组的乔依，我认为我们小组是今日班级最美小组，因为今天我们小组每位同学都早早地来到学校打扫卫生，当老师来的时候我们已经快打扫完了。今天上午第二节语文课上，从来都不回答问题的马跃，很勇敢地站起来回答问题，当他站起来的那一刹那，我们小组的成员都向他投去赞许的目光；燕俊熙同学下课后从教室后门路过时弯下腰捡拾地上的纸屑；孟令姿同学，从来都不穿校服，今天却穿上了校服，戴上了红领巾，他的样子太帅了；我和马子妍同学主动去录制阅读周的视频，孟老师还表扬我们讲得非常好，很有感情；一向沉默寡言的乔嘉胤同学，今天下课时给大家讲了个非常好听的故事，逗得大家哈哈大笑。我们小组每位成员都用心去发现别人的美好，所以我认为我们小组是今日班级最美小组，我的演讲到此结束，谢谢大家！

有针对整体的美好表达，更多是对个人的具体事件的表达。尤其是从来不回答问题的马跃勇敢地站起来回答问题，因为他回答问题，别人投过去欣赏的目光；从不穿校服的孟令姿，今天却穿上了校服，戴上了红领巾，在表达者的口中，"他的样子太帅了"。试想，因为这样的表达，有多少孩子会因此而更加美好呢？

所以，从这个角度说，"聚焦小组"是最好的教育方式，甚至没有之一。

三、表达形式

表达形式包括语言格式、表达方式和轮换方式三种。

（1）语言格式是要求表达者在表达时用"我认为我们小组是今日最美小组，因为……"的格式进行表达，也就是说自己的表达内容，是自己小组能否当选"最美小组"的重要依据。相应地就会产生两种导向：一是要不断睁大眼睛发现小组成员的美好，从而让每个孩子的每一点美好都可以被看得见；二是为了当选"最美小组"没有美好也会创造美好，从而让班级的美好行为不断生长。

例如，大家好，我是前行小组的张福骏，我觉得我们小组是今天最美小组。因为我们小组发生了许多美好瞬间：上课时，张敬轩忘了记笔记，张轶把自己的笔记推向张敬轩让他抓紧记上；张敬轩走神了，张轶会轻轻地碰一下他的胳膊，提醒他不要走神；我的笔掉了，贾淑洁会帮我捡起来，贾淑洁有的题不会做，我也会帮她讲解，告诉她解决问题的方法。所以我觉得我们小组是今日最美小组，我们每个人都互帮互助，携手前行。

就文笔来说，这段表达算不上漂亮，甚至有种流水账的感觉。但是我们能清楚地感觉到孩子们在努力地创造美好，而且是一个小组集体行动着在创造美好。如果每个小组真的如这个小组同学所做：相互帮助、相互提醒、相互扶持，这该是多么美好的学生生态啊。可能很多校长、老师都想构建起这样的生态关系，也讲过很多的道理，但就这样一个"聚焦小组"就轻松解决了。这样的生态出现，您还担心成绩的出现吗？

（2）表达方式采用的是自我陈述，也就是说，让自己小组讲述自己小组的故事。这样操作的目的是增强小组的凝聚力并促生美好。如若当选最美小组，势必有一个好的演讲稿，因为好的稿子是好的演讲最大的底气。这样就注定稿子的书写者不是一个人，而是一个小组在集体创作。如果演讲的内容要丰富，就需要更多美好的行为做支撑，势必会激发小组成员一起创造更多的美好。而这两条都需要在小组凝聚力得到增强的情况下才能保障。

（3）轮换方式要求小组所有成员轮流表达，平等给予每个人表达和锻炼的机会。在郓城实验区，一个班主任曾经提问："我们班50个学生，真正爱表达的也就二十几个，聚焦小组很难执行下去。"当时我们的研究员一针见血地指出："你肯定采用的是组长发言或代表发言制。"当没有了公平的轮换，表达就成了表达者的表演，而一旦公平公正地轮换，其实是可以锻炼到每个孩子的。九女中心小学翟雪为老师班上有个男孩子，他发言时结结巴巴，小手无处安放，紧张得很。因为要轮到他了，他必须充分准备，硬着头皮去发言。就是这一次发言，他赢得了大家经久不息的掌声，之后就勇敢了许多，他也不再结结巴巴。还有一位侯媛媛老师班上的女孩子。这孩子身体带有先天性的不足，言语表达很吃力，但就是因为一次勇敢的表达，让她赢得了自信。更可喜的是，虽然她每周要花不少时间去治疗，但她的学业成绩一点也没落下来。

四、表达时机

表达时机，也分两个层面向您介绍：一是表达内容，二是表达时间。

（1）我们所说的表达内容是指此刻表达的内容，并非是今天发生的事情，而是前一天发生的事情，也就是说表达是延后的。这么操作的目的是给小组留足写作和打磨讲稿的时间，也是为了在写稿时"回味美好"，再次让"昨天"发生的事情在今天发出它的余光。

（2）表达时间是指一天内，美好小组表达什么时候开展。从我们的实验校、实验班来看，目前的班额还是比较大的，一般都在50~60人，分组也会在10个左右。如果放在同一个时间段表达，很难操作。为此，在校长的统一协调下，对全体科任教师进行培训指导之后，安排在每节课课前2分钟让一个小组进行表达。这样就有8个小组能在每节课前进行表达，把展现美好的战线拉长，其产生的力量也就更持久，效果也就会更好。

五、评选与奖励

有"最美小组"的自我陈述，自然也应该有相应的评选与奖励。

"最美小组"评选，采取每组轮流选代表举手表决的方式，而非打分的方式。好的教育是把复杂的问题都简单化，而非把简单的问题弄复杂。举手表决，依据票数多寡来计，按照小组数目的1/3当选率计。每周按照周综合统计数据（即一周内的当选次数）班会课上直接授予周度"最美小组"牌。切记，不要轻易和量化考核类挂钩。原因留给各位思考。

周度和月度最美小组产生，一种类型是综合统计直接当选；另一种类型是其他小组自发陈述，采用陈述后经评委举手表决，以直升的方式获得。也为了鼓励更多的小组来趋向美好。

上述五种操作方式，基本上可以让您能想到的美好发生。能否发生，还需要事实的明证。

第三节　那些你意想不到的收获

在文字的缝隙里，我们可以窥探到聚焦小组能够产生的美好。如果没有事实做明证，美好也只能停留在文字或话语里。当然，这样的事情太多太多，所以魏书生老师才会大声疾呼"别搞什么创新，回归根本，认真实践"才是教育的正途。

第一种变化，也是最大的变化，是孩子们被"激活"了。

因为聚焦小组，让每个孩子的每一点进步、每一点亮光都可以被看见并表达出来，这是激活孩子最好的方法。

不信您看——

郓城县第二中学初中部李桂华老师班上有个孩子。一个原来在课堂上都从来不学习的孩子，自从在研究院的指导下，进行聚焦小组，发现并表达美好之后，他竟然连课间都认真做起了作业。

当我们去研究"差生"该怎样教育的时候，当我们去研究留守儿童、单亲家庭等去怎样教育的时候，就是把简单的问题弄复杂。如果我们回归到人该怎样教育的时候，也就简单了，简单到一个"聚焦小组"就可以解决几乎所有的问题。

您看这个孩子和他们语文老师发来的文字：

我们班小A，以前每次写作文都愣半天，现在很主动在写了。

谢谢，让我们发现美好，表达美好！

　　这是一个基本不怎么写作文的孩子，总是被老师逼到最后时刻才用几行不知所云的文字应付。而今，他不但主动去写，而且写作的速度也快了许多。

　　您再看李成威同学的变化。一个上学期特别贪玩的孩子，这学期发生了巨大的变化：他懂得了安排自己的生活，把学习放在第一位；他不再放学后先美食一顿、发疯一会儿，而是无论是在安静还是吵闹的环境里，都能气定神闲地完成学习任务。

　　后来他的父亲告诉老师：其实看到之前孩子的调皮、贪玩，自己也没有办法。更是听说男孩子年龄越大越会贪玩。没想到新学期的发现美好、表达美好和聚焦小组，竟然让孩子发生了这么大变化。这是为一生的成功奠基，不仅是学习，更是品德的奠基。

　　李集中学李芳老师更是感慨万千，因为她的班级是由一群刚进入青春期的孩子组成，学校又地处山东、河南交界处的黄河滩区。没有好的家庭教育背景，没有家校合作的支持，加上自带的各种习俗，给教育带来了极大挑战。在"发现美好、欣赏美好和表达美好"开始后，李老师就认真实施，坚决执行。到了"聚焦小组"阶段，她们班级开始有些"美不胜收"了：平时不喜欢学习、经常犯错的孩子，也能够在回到宿舍之后向同学认真请教、爱上学习了；一个叛逆的女生，因为"美好"而变得积极回答问题，学习也专注了起来。

　　发生巨变的孩子还有很多，我们不能一一列举。对于一所学校来说，让一个孩子转变向好是个案的教育成功，而对于一个家庭来说；一个孩子的改变向好，是一个家庭的全部。所以看到这些变化，武安镇初级中学的刘强校长忍不住感慨："起初做老师，我认为教育是责任；后来做教育，我认为是事业；再后来做校长，我认为教育是我的使命；而现在，我认为做教育是能够唤醒灵魂、温润生命、成就家庭、贡献社会的美好。"刘校长的话，是一名教育人心灵转变的印记，也是一名因发现美好、欣赏美好和表达美好之后遇见了美好，开始享受教育的教育人的心迹。

倘若，每位校长开始享受教育了，那教育该有多么明媚！

孩子的学习状态变化，自然带来了学业成绩的飞速提升。

刘晓晓老师的班级，全科考到了学期第一，虽然她班级的基础很不好。

李杰老师的班级，期中考试冲到了年级第一，且语文和英语均分年级第一。

王晓明老师的班级，由学期垫底，一步步冲击到了学校前六……

第二种变化是孩子们的行为习惯发生了诸多变化。

先请看一个聊天记录中的一小段文字：

杨昌瑞的确是经常请假找理由回家，学习提不起兴趣的孩子，现在悄悄地发生变化。

这段记录里，只是提到他在悄悄地变化，但是您想不到的是他可以变化到怎样的程度。我们拿他的班主任记录的文字来说明——

我们班的杨昌睿原来放假时，他自己说："以前天天在家里待着，一天干不成什么事，黑白颠倒，白天睡晚上起，现在好多了。"（原来周末或假期因为手机经常与爸爸妈妈发生冲突）

现在孩子改观了有计划了：每天上午锻炼一下，下午写写作业，没事跟家里老人散散步，晚上时间自由安排，一天过得很充实。

我觉得很惊奇，似乎也不应该惊奇，因为发现美好、表达美好的力量的确很神奇。

当然，从杨昌瑞的变化中，我们也能感觉到家庭关系的变化。

有时为了放松学生的心情，会在班级搞两个泡泡大赛。以往类似活动举行之后，教室、走廊上绝对是一片狼藉，而今天的活动结束之后，没有任何人组织、招呼，大家都自觉把桌面收拾干净，把教室和走廊的地板用拖布打扫得干干净净。对于很多优秀的学校和班级来说，这或许不算什么，但对于有着"邋遢""懒惰"传统的班级来说，这种变化就不能不让人感慨。

当然更多在班级里出现的帮扶、默默呵护等，在孩子们的美好表达里丰富多彩，不可胜数。

第三种变化是教师幸福指数的迅速提升。

这是王凌老师的一段心语：

一位好友问我：最近行事风格怎么变了那么多？我笑了笑说：你可能不信，这一切缘于聚焦小组，发现美好。

细想想，我这段时间收获很多，我的课堂的确改变了很多，从原来赞美孩子时使用的单一词汇到现在随时随地随口说出不一样的赞美孩子的课堂用语。不用刻意去想，看到孩子们的表现，张口就能来，美好的事情做着做着，不知不觉就爱了，不知不觉自己就被改变了。可能孩子们也是这样吧，这周一上午，赵可馨同学在下课时帮我收作业，当她把作业放到我跟前时，她朝我笑了笑说："老师，我想告诉你个事，不许笑我。"我问她："什么事，这么神秘？"她直接说"：老师，我爱你，我喜欢你。周六的时候，我妈妈让我到某学校去考试，她想让我转学到县城里面去上。我去考了，语文没作文，我考了99分，被人家学校直接录取了。妈妈很高兴，她很想让我去，可是我却不想去。妈妈说，'你以前不是很想去吗？怎么现在不想了？'我告诉妈妈，我就想和我现在的老师在一起。我很爱您，也很喜欢您，我不想走。老师，您猜怎么着，我的妈妈最后终于答应了！"

这时，赵可馨的好朋友王慧语也跑了过来，说了句："老师，我爱你，美美的。"我笑了笑，回了句："我也爱你们，美美的！"

同事笑我说："你们的孩子都快魔怔了，整天对你说，'美美的'。好像是，你也魔怔，天天傻乐，天天都是学生的好。"

我回了同事一句："只要高兴，傻傻地也挺好！"

傻乐，你不觉得就是幸福吗？正如王老师所说 "美好的事情做着做着，不知不觉就爱了，不知不觉自己就被改变了"。用美好的眼睛看世界，世界就是美的；用美好的行为影响世界，世界会因你而美好。

请您再看这张图（图4-1）：一个绿色餐盒里，堆满了鸡肉小饼。这不是一个被食堂阿姨偏爱的孩子的幸运，而是一名语文教师的幸福。吃饭

图4-1　绿色餐盒

时，孩子们把配餐里的肉都给了自己喜欢的老师。（当然这个问题的处理需要智慧，拒绝肯定不对；不拒绝又该怎样做呢？留给朋友们思考）

人最大的幸福之就是感觉到自己被这个世界爱着。当然被爱的不仅仅是"肉饼事件"的安静老师，还有浙江奉化马雪娇老师的幸福。

您看这学生的作业里（图4-2），马老师有多美，语文课有多美。马老师还记录过这样一段文字：

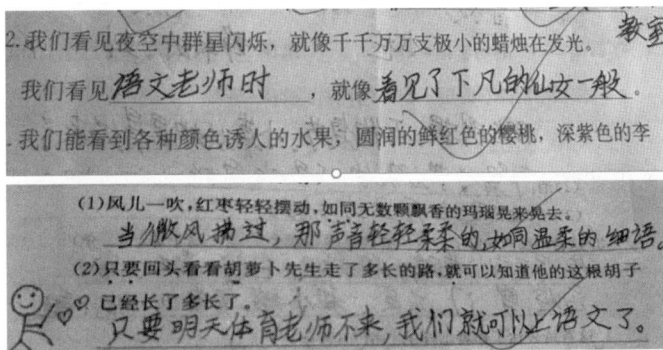

图4-2　学生的作业

想起昨天改作业时，梓渝摸了摸我的手说："马老师，你的手怎么这么冷？"说完，拉起我的手放到他的胳肢窝下说："我这里暖和，放这里。"

孩子们真的在用各种方式爱着我们，他们有着最柔软的内心。同样，他们值得所有温柔的对待。

第四种变化是家庭关系的变化。

南阳第十二小学方丽老师把在学校运用的方法，用在了自己的家庭中：对孩子进行美好表达，孩子变得优秀了；对爱人进行美好表达，让爱人得意地找不着北了。

同样把这些方法运用在家庭的还有很多老师。原来因为工作忙碌等原因，忽视了孩子和家庭，而把工作中的理念，带入到家庭，就会有新的气象出现。

行文到此，您一定窥见了"聚焦小组"带来的诸多美好。但是，各位有没有这样的经历：听专家们讲课会热血沸腾，觉得人家讲得真好，但是回去一实践，却往往会出问题。于是就开始对专家进行怀疑？

其实，您不必怀疑，因为专家要在几个小时内讲完他十几年甚至几十年的精华知识，这需要浓缩啊，很多细节是来不及讲的。然而，这些细节，有时候是能决定成败的。我们在跟踪调研时就发现了"聚焦小组"在运用中也会出问题。

第四节　品质提升的几点操作

在实际调研过程中，我们发现了这样一些问题：

问题1：优点就这么多，孩子的美好表达进入了"穷途末路"。

问题2：家长不够配合，翻来覆去就那些套话在重复。

问题3：有些孩子实在没有优点，硬贴反而变成了笑谈。

问题4：孩子不善于表达，说出来的话总是干干巴巴。

问题5：表达时很多学生不认真听，表达成为了过场，效果大打折扣。

问题6：好的都是别家的娃，我班的好像熊孩子。

这几种类型的问题，在运行大概一个月后会频频出现。这到底是哪里出现了问题呢？我们必须从问题出发才能解决问题。

问题1：优点就这么多，孩子的美好表达进入了"穷途末路"。

按理说学校生活是丰富多彩的，每个孩子都是鲜活的生命个体，怎么会出现美好"枯竭"的问题？如果美好没有枯竭，是不是表达本身出了问题？现在我们对孩子们的表达稿做一些分析。

例（1）：我觉得今日的最美小组非我们四组莫属。我们组的其中一名组员袁艺宸，她是体育委员，每次放学领路队的时候，声音都非常洪亮。还有一名组员刘宇涵，他上课的时候积极回答问题，而且声音十分洪亮，震耳欲聋。还有一名组员姚梦迪，她上课时安安静静地听课，从来不说话，这很值得我们学习。因为我们组员品质很好，值得我们学习，所以我认为我们组是最美小组。

分析：我们会发现这位同学的表达出现了两个关键词："每次""上课的时候"。而这两个关键词都暗含着这是经常性行为。一个人的经常性的美好，我们表达一次是这样的，表达两次还是这样的。关键是咱总不能次次都说这种经常性的美好吧。

例（2）：亲爱的老师、同学们：

大家好！本次由我代表三组发言，从开学到现在我是看在眼里，喜在心里，同学们发生的改变简直就是日新月异。比如，杨学奥同学简直是"士别三日，当刮目相看"，从之前的颓废到现在的进步，连他自己都有点儿不敢相信。华罗庚说过"聪明在于勤奋，天才在于积累"，薛腾飞同学便很好地诠释了这一点，他经常向我请教问题，我也十分乐于助人，每次都认真耐心地指导别人。胡家辉同学是我们小组成绩最好的，领头作用是十分明显的，他的一言一行都深刻地影响、激励着我们。我们组之前也有调皮捣蛋的同学，比如，李佳乐天天下课玩，不知道学习，在身边同学潜移默化的影响下改变了自己，"冰冻三尺非一日之寒"，有舍才有得，自从李佳乐舍去了玩耍时间，他的学习成绩突飞猛进，所以我认为今天我们小组是最美小组。

分析：这段表述里，出现了"变化""进步""经常"等关键性词语。如果天天变化，就成了孙悟空；但天天进步，孩子用"进步"两个字是可以概括的；"经常"自然也就是通常性行为了。

通过我们对两个例子的分析就能发现问题的关键所在，那就是表达的现象性概括，导致了表达词穷。现象是概括性的，是通常性的，它缺少的是鲜活性。

解决办法：表达具体事件和行为，尽量不做概括性评价。

例如，尊敬的老师、亲爱的同学们：

大家好！很荣幸今天能代表我们小组进行演讲，我认为今日的最美小组非我们莫属。因为今天上语文时，当老师提出问题，李邦佑、王天佑把手举得高高的，他们努力的样子让我非常激动也为他们感到骄傲。课间同学们在玩耍的时候孙梓墨不小心摔倒了，王浩晖看到了快步走过去把孙梓墨拉了起来。王浩晖的这一举动让我感到了同学之间的友爱。下课我发现我们组刘家尚同学的桌面非常整齐干净，左边放课本，右边放本子，中间放一些学习用品。谁路过时都忍不住多看几眼，我们都应该向她学习。这样的刘家尚谁会不喜欢呢？最让我们组骄傲的是老师布置的早读任务，我们组同学通过自己的努力全都完成了背诵。最后，送给大家一句话："如果你今天付出得多，那么你明天就一定会感谢今天的自己。"所以我认为我们小组是今日当之无愧的最美小组。

这样的表达都是发生在"今天"的具体事件，因为具体所以真实和生动。如果每天的表达只是关注当下的具体的美好行为，自然孩子们的表达内容会变得非常丰富而立体，而且避免了概括的空洞感，从而让听者感觉到很真诚，也就能容易影响人。

当表达变成了现象概括时，家长的点评自然没法丰富，所以第2个问题的答案也就找到了。

问题3：有些孩子实在没有优点，硬贴反而变成了笑谈。

这是非常客观的存在，有些孩子在别人看来实在没优点，想挖掘出来对他进行赞扬确实很难。但从教育学角度来说，这些孩子可能就是"问题孩子"，他们是更需要关注的孩子，也是"聚焦小组"活动中，更应该被表达美好的人。所以，让他有优点，这是教育的必须。从生物进化角度来讲，人作为万物之灵长，不可能没有优点；人之为人，也一定不会一无是处。从人的心理需要角度来说，任何人都有被赞美的需要，都渴望成为别人眼中的好人。但如果不了解，或者发现不了个体优点，而非要硬贴标签，让本来应该严肃认真的美好表达变成笑料也就不奇怪了。

怎样解决这问题呢？

例如，我认为我们小组是今日班级最美小组。因为我们要做到团结合作。大家都知道团结合作是生活中一件很重要的事。例如，我们小组在打扫卫生时，总要把垃圾扫到簸箕中，而这时总会有一个人帮忙扶着簸箕，另一个人向里面扫垃圾。再如，倒垃圾时也总会有一些成员毛遂自荐，积极去倒垃圾。团结合作对每个人都是有好处的，我相信我们小组如果总是团结合作，我们小组会变得越来越好。

我们认真审读这段文字就会发现内容很空洞，并没有让小组内任何一个人因为这个表达获得归属感和价值感的满足。空洞的主要原因也能看出来——小组内某一个人写的。一个人书写有三大缺陷：

（1）发现的美好数量有限。毕竟一个人的眼睛不可能看见所有的美好。

（2）稿子的质量相对而言不会太高，表达的质量也就不会太高。

（3）不利于"没有优点"的学生的成长。

解决办法：一人主笔，他人添加。

也就是说，每天的表达文稿，由小组轮流书写。书写时一个人先拿出初稿，由其他人添加完成。添加什么呢？

（1）添加主笔人没有发现的美好行为。这样可以让每个人都能被看得见，都能因小组表达而获得归属感和自我价值感。

（2）添加自我的美好。这是很重要的一点。前文我们做过分析，任何人都有被赞美的需要，都渴望成为别人眼中的好人。即使他没有做或者没有做到自己所添加的事情，他能够添加，就意味着他想朝这个方向努力。在成功学上有一个原理：先说后行。也就是先把事情说出去，众所周知；众所周知就会有众人关注和问询，这样就是借别人的力量逼迫自己行动。而"没有优点"的孩子的自我添加，并被人表达出来，就有种把自己放在火上烤的味道，会促使他趋向美好。当然，别人没有发现的自我美好，同样需要添加。

例如：尊敬的老师、亲爱的同学们：

大家下午好！我是奋斗组的王代慢，我认为我们小组是今日最美小组。先来说说我吧，我今天非常勇敢，主动站起来说说我的美好，因为老师说："就算没有人爱你，自己也要爱自己，自己的优点要大声说出来。"我今天要表扬一下我自己，我这两周一直默默地坐在座位上学习，没有违反一丝一毫的纪律，为什么呢？这是我和王老师之间的秘密。两周前我犯了一次错误，你们都知道，当时王老师没批评我，把我喊到隔壁餐厅，慢慢给我分析原因，并和我拉钩，承诺我的错误从此不再向任何人提起，更不向我的爸爸妈妈提起。但王老师要我也给他一个承诺，那就是从今以后不再犯同样的错误，我当时很惊喜，因为王老师答应我，不把我的错误告诉我的爸爸妈妈，替我保密。然后她还抚摸了一下我的头，说"孩子去上课吧"。我暗自下决心，我不再犯错，我要遵守我和老师的承诺。就这样，我为了这个承诺，一直没有犯错。上周五，老师在班里表扬了我，说我是一个遵守诺言的孩子，我高兴得比吃了蜜还要甜，我为我的遵守承诺而骄傲自豪……

当一个孩子敢于勇敢地表达自己的时候，自信就在生长着。

（3）添加优美的文笔和细节描写。如果只是"骨感"地记录，读起来会非常乏味，而优美的词句或者名言警句、诗句的加入，会让表达更有感染力。任何一种演讲表达，如果没有细节，就等于没了血肉，也就没有了鲜活动人的密码。所以，这两项的添加，是确保美好表达有感染力的重要条件。

（4）添加表达结构。语文老师更明白，一篇记叙类文章得高分的三个条件：首先是主题思想，其次是表达结构，最后才是言语的水平。一个好的演说，用什么开头，用什么承接，什么时候植入警句，什么时候表达共性或幽默，都有精心的设计。

做好四个"添加"，剩余的几个问题也就基本解决了。因为"问题4：孩子不善于表达，说出来的话总是干干巴巴"的原因是没有好的稿子，如果稿子有了，再胆怯的孩子，经不了三次，也可以自然表达。"表达时很多学生不认真听，表达成为了过场，效果大打折扣。"这也和稿子的质量有很大关系。正如一个教师的课堂，学生不认真听讲的原因有二：一是老师的课实在不怎么样；二是学生的学习态度不好。稿子的问题解决了，问题6也就不存在了，熊孩子并非天生就"熊"，而是方法没有找对。

> 这里请大家思考一个问题：小组几个人，每人写一段文字组合成一篇演讲稿合适吗？说说你的理由。

第五节　典型问题的非典型解法

在广东韶关实验区考察时，一名乡村中学的校长问："我们学校有不少抽烟的、翻墙出校园的、打架斗殴的学生，这类问题该怎么解决？"

这应该是乡村中学校长面临的比较普遍的问题。但是，当校长听了我们的理念介绍以及操作方式介绍之后，再问出这样的问题，就有些不十分合适。因为从我们目前全国那么多的实验班、实验学校和实验区来看，只要我们把前序的这些事情做好，校长提到的问题要么不会发生，要么会因为"发现美好、欣赏美好和表达美好"以及这个行动的第二阶段"聚焦小组"的开展而消解掉。

如果做了还出现问题，可以采取"三个尊重"和"布设托组"的方式解决。

表达效果好不好，固然与上节所谈有很大关系，但是和受众的倾听姿态也有很大关系。如果倾听者态度端正认真，就可以鼓励表达者表达得更好，更重要的是，这种具有很强仪式感的姿态，可以让表达更入人心，自然影响学生的效果就会更好。

所以，我们有必要和学生交流"三个尊重"。

第一，要尊重演讲者。

尊重人，是最基本的礼仪之一，无论这个人是否和我们有关系，都要有对别人起码的尊重。而在"聚焦小组"的环境里，演讲人是轮流的，这就意味着，你尊重了别人，轮到你时，自然别人也会尊重你，尊重是相互的。

第二，要尊重倾听者。

在不少实验学校我们看到演讲者自身态度就有问题，要么语速过快，要么嘻嘻哈哈，要么姿势随意。这是对倾听者的不尊重，自然你也很难赢得别人的尊重。

第三，要尊重小组成员。

一个表达的机会就是为小组亮出名片，代表的是小组的利益。所以，稿子书写要非常认真。

那么什么是"布设托组"呢？例如，不交作业、迟到、小团体、抽烟等。还记得吗？您硬管理是起不到多大作用的，而融入美好的构建中是很自然的事情。您可以找几个"托儿"组，说"我们认为我们小组是班级最美小组的原因之一是我们没有不交作业的组员"等，然后不断说几天，时间会帮您解决您担心的所有棘手问题。

例如：亲爱的同学们、老师们：

大家好！我是进步组的侯浩然。我认为我们组是当之无愧的最美小组，我觉得我们组每个成员表现得都很棒，特别是张晨熙。他上课举手发言最多，回答了许多问题，他是我们组的上课监督员，上课时我们组有人说话他会立刻提醒阻止他们。在今天语文课上宋钰彤走神了，朱雨双对她说："别走神，干什么呢，好好听课！"更重要的是和个别小组不一样，我们组没有一个不交作业的同学。所以我觉得我们小组配得上这个最美小组的称号。

"我们组没有一个不交作业的同学"其实就是老师为了解决班内不

交作业的问题，特意安排了一两个小组如此表达的。只需老师在点评的时候补上一句："很不容易，一个不交作业的都没有，最美小组，值得拥有！"类似的话就可以了。连续"托儿"几次，不交作业的问题就可以解决了。

最后，用一个老师的思考结束本节内容，希望她的思考也能引起您的思考。

说实在的，咱们在做的这项事业让我由衷感慨。

现在从小学六年级已开始出现"问题孩子"了，出现极端行为的以前从没见过。我们班上有两个女生，其中一个是和六年级的一位男生关系特好。用手机在抖音上，或者快手上发了张照片，还是视频什么之类的东西，女孩的家长知道了，然后女孩的家长言语上有点过激，这个小女孩当天做出极端行为。

后来我再三询问，慢慢地才了解了这件事。

后来班里有其他孩子拿这件事来刺激她，那个小女孩就一时间崩溃了。那是一天下午吃完饭，有一个小女孩，我们班另外一个小女生故意和她闹矛盾，小女生说："你怎么不找你男朋友帮忙啊"那个女生过去就把说她的小女孩拉住，要打起来。当别人说她的时候，她一听见就崩溃了，当时，她说她什么也没想，就是想直接掐着对方的脖子，才能出了心中的那口气。

如果是以前碰上这种事，我不知道怎么处理，但是自从您来了之后，跟您学了这种教育理念之后，我知道用她身上的闪光点来做工作。和她聊了很长很长时间，她一直在那里哭，她说所有的同学都看不起她，还有同学都拿这个事在笑话她，她已经和那个小男孩断了，她的妈妈还是翻来覆去地说她。这是我们当时聊天的内容，我感到后背一阵凉，但我深深地知道，这个孩子抑郁了，心理出现了严重的问题，我一定要及时和她沟通，用优点稳定她的情绪；我也知道，我稳得住一时，稳不住永远。我需要给她闪亮的机会，让聚焦小组的美好的光照耀到她。因为只有这束光是她身边最直接的，这束光也是直接影响她的，也是能治愈她的。

她本来是个外向的小女孩，表演能力都非常强，情商也非常高，表达能力特别强。于是我把我们班里凡是表演之类的节目都交给她管理，她组织得很好，省了我很多事，她身上的很多优点，我们都看到了，正是很多她身上闪光的优点，在聚焦小组发现美好时，被小组表达出来，她变得很阳光，很自信了，现在她再也没有做出过极端行为，当我再问她这件事的时候，她说老师我当时想错了，我以后再也不会了，您放心吧，即使您不在我身边，我也不会再做这样的傻事了。

我觉得这种发现美好的教育理念是美好的，碰到这样的孩子，我们还有什么方法？还能想出什么方法来吗？不在一线教育，不当班主任，不知道班主任的难处，我们不采用这种发现美好的办法，那还有什么办法呢？去批评她吗？怎么批评她呢？万一出了生命危险，怎么处理呢？或许有很多老师没碰到过这种情况，不知道危险，其实以前我也没碰到过，只是今年这孩子才出现这样的心理问题，不知道在教学的生涯中会遇到什么样的问题，万一以后这样的孩子越来越多呢？该采取什么样的方法进行带班进行管理呢？有些老师不去做这件事，其实为什么不去做呢？这最起码是像您说的那样，能保护自己。其实，我们细想想，发现孩子的美好，的确让孩子们重启自信！只不过有些老师不愿相信，不去相信罢了！

第五章

高效能教师队伍的打造策略

未来学家丹尼尔·平克说：奖励只能带来短暂的热情，甚至还有副作用，要长久地坚持下去，必须调动内在驱动力。所以，高效能的教师队伍，从来都不是靠考核和激励个体而产生的，当教师感受到了美好和幸福，效能就有了保障。

第一节　从内耗走向高效能的方法

有一个问题，我们每天都面对，但是却没有人愿意提及，遑论去研究这个问题该如何解决，这个问题就是教师队伍内部存在的相互内耗。

冯唐说："我们做事，非常头疼的一点是内耗。枪口不能一致对外，自己人给自己人使绊儿。内耗的一大原因是人际交往中的心机，互相猜忌，而不是互相信任；互相拆台，而不是互相补位。"这是职场中的常态，教师队伍不是例外，自然这种内耗也不会例外。职场中还有一个残酷又露骨的现实：单位的内耗越严重，领导就越得利，他们很希望下属斗，因为下属之间越勾心斗角，领导越能得到最大的利益。只是，在教育行业里，会把内斗表述为"竞争"。不少校长也会认为调动了教师之间的竞争关系，也就激活了教师队伍的积极性，也就能取得良好的办学实绩。所以，重金奖优秀个人，机会给优秀个人，似乎也就是理所当然。殊不知这就是教师教育管理中的大忌。

只是，这真的能调动教师的积极性吗？丹尼尔·平克在《驱动力》一书中提到了这样一个实验：

实验中，科学家把一堆小孩子分成三组，让他们画画，分别告诉第一组画完就给奖励，第二组画完之后才给奖励，第三组没奖励。

您猜哪一组画画的积极性最高？您可能会认为是第一组，毕竟有奖励嘛，他们为了得到奖励应该会竭尽全力。

刚开始的确是这样，期待奖励的第一组孩子表现得很棒。但实验进行两周后，情况就发生了逆转，第二组、第三组的孩子依然兴趣盎然，反而第一组的孩子，花在画画的时间少了许多，兴趣也越来越低。

为什么我们惯常使用的激励手段失效了呢？您可能会说也许奖励不够，应该再提高点，或者说光有奖励不够，还得有惩罚，奖罚分明才能更高提升孩子们做事的积极性。

但事实并非如此！丹尼尔·平克经过研究后发现：奖励只能带来短暂的热情，甚至还有副作用，要长久地坚持下去，必须调动内在驱动力。

人的内在驱动力来源于哪里？咱们前面的文字已经多次提及，那就是等自己的一点美好、一点进步被别人看见，并且能够被别人用言语表达出来，在别人的价值认同中获得幸福感，幸福感带来继续做事情的力量，而这种力量，就是内驱力。所以，学校的通常做法是调动不了教师的工作积极性的，长期下来会导致教师队伍内部的消耗更加严重。这是客观存在，但却是我们不愿意谈及的真实。

如此对照现行学校的管理，也就明白学校真正的团结协作、互相补位、共同成长难以建立起来的原因了。我们早期的实验学校之一张家港城北小学庞丽君校长在使用了我们的方法之后感慨地说："没想到老师也是孩子，没想到老师也会如此在乎别人的点赞，没想到团队建设可以采用这样的方法！"庞校长的三个"没想到"一定让您猜到了一支高效能教师队伍打造的方法——聚焦小组。当然，这里的小组是指教研组或备课组或年级组。一般我们采取双轨运行：平日里以备课组为单位，月度以年级组为单位。

在管理学中有个管理层次理论，也就是说哪一个级别的领导管理到哪个层级是有讲究的。如果上级管理者把管理的触角伸到了下一个层级，就属于越级管理。它会造成下一个层级的人"唯上一个层级管理者马首是瞻"，从而导致其应有的直接管理者有被架空的感觉，也会导致上一级领导的辛苦。具体就学校而言，校长有对应的管理层级，如果把管理的触角深入到教研组或备课组，其介入越深，教研组或备课组的直接负责人的存在感就会被削弱，也会导致校长劳累不堪。以备课组为单位的"聚焦备课组"，就是通过备课组内部的"发现美好、欣赏美好和表达美好"把备课组的发展交到年级组来组织。

具体操作和班级"聚焦小组"类似，只是它的展示时间在每天的晨会或夕会。

（1）首先是评价。每天的备课组自述，由各个备课组的代表举手表决哪个备课组当选"今日最美教研组"；每个月根据当选次数的多少自动生成"月度最美教研组"；每个学期根据当选月度次数的多少自动生成"学期最美教研组"；每个学年在"学期最美教研组"中评选出"年度最美教研组"。每个阶段"最美教研组"个数都要大于等于2。

这样做的目的是增强备课组内部的合作与和谐，将学科组的专业能力转化成教研组的集体智慧。从而避免现行很多学校备课组表面一团和气，实则"你死我活"的局面。所有的学业成绩类型的评价，不做教研组内部的区分，而是将备课组整体和兄弟学校同学科组相比较，这样就能形成内部团结、一致对外的氛围。

（2）其次是表达。和学生的聚焦小组一样，教研组内部也是写稿：一人主笔，多人添加；表达：组内轮流，人人有责；内容：只讲述美好，不谈论不足。这样就能出现教研组内部相互欣赏、通力合作的局面。刚才提到的张家港城北小学庞丽君校长就是在第一次表达中被老师们感动了，更让庞校长感动的是备课组内部"被表达"的人脸上流露的喜悦甚至是幸福的泪水。

例如，数学备课组的美好表达：

我是唐艳，我认为我们数学组是今天的最美备课组。因为昨天下午我们的集体备课采用"一人主备、多人提议"的方式进行，让备课活动高效而精准。祝老师和小王老师因为观点不同而极力争论，虽然争论时大家面红耳赤，但争论结束时的一个拥抱，让我们感受了"度尽劫波兄弟在，相逢一笑泯恩仇"的大度；石老师克服困难，放弃了回家奶娃的大事来参加集体备课，一句"妈妈，冲点儿奶粉让小宝凑合一下吧"，让我们感动又心疼。有这样的同事，我们没有理由不努力工作，认真教研，不然我们辜负的不仅是学生，而是自己嗷嗷待哺的孩子。玲玲老师更是在集体备课时为我们端茶倒水，用自己的服务，温暖我们整个备课组。当然，还有我，唐艳。我是昨天的主备人。为了不辜负大家的信任，提升授课的效率和精准度，我查了很多资料，然后筛选、组织。虽然不一定有多好，我可以无愧地说"我尽力了！"，这样的认真、这样的奉献、这样温暖的备课组，难道不应该是今天的"最美备课组"吗？

可能各位校长会觉得，这样的表达有些"小儿科"。其实，您的认识和当初庞校长的认识是一样的。但真正做起来了，认真起来了，就是一件严肃而了不起的事情。

何况，各位有没有注意到，我们是在四件事情实施之后才开展的"最美备课组"的表达活动。

第一件事情：教师发现学生的美好、欣赏学生的美好并对学生表达美好。这件事情的实施影响着学生，更影响着教师看学生以及万物的视角。这种影响为发现同事的美做了心理的初步建设。

第二件事情：学校开始在作业本后面和"三栏"黑板为教师们进行点赞。这些点赞，尤其是校园的"三栏"黑板上展示的学生心目中美好教师的事迹，慢慢在教师的内心培育着"同事原来如此美好"的认知。

第三件事情：家长开始点赞教师并有创意地表扬教师。这项事情的开展，让每位教师都能感受到被夸赞的喜悦、被看得见并被表达出来的幸福。喜悦和幸福感的产生，让教师意识到同事之间也可以构建相互欣赏、彼此看见的生态关系。

第四件事情：学生聚焦小组活动的实施。这项工作的开展，让教师实实在在感受到了学生的变化、班级的变化和校园的变化。从表达过程到倾听态度等，学生都为教师作出了示范，这就为"最美备课组"表达提供了自然的过渡。

所以，"最美备课组"不适合一开始就运用，它是发展到一定阶段的产物，如果没有上述四个前提做基础，这项工作是无论如何也做不起来的。这也就是咱们一直强调以及读完本书后的感受：事情就是那么个事情，没什么新鲜东西，难就难在在什么时间节点做什么事。时间节点才是"核心科技"。

当"最美备课组"被越来越多的教师认同和珍视的时候，学校的管理就顺利了，教师的协同就有了，同事的相互激励就产生了。此刻，您的校园就应该是最美的校园了。因为高效能的教师队伍，从来都不是靠考核和激励个体而产生的，当教师感受到了美好和幸福，效能就有了保障。

第二节　仪式是新征程的加油站

小王子问："什么是仪式感？"

狐狸说："它就是使某一天与其他日子不同，使某一刻与其他时刻不同。"

——《小王子》

一、班会是重要的仪式

只是把班会做成仪式不意味着就可以有好的教育效果，因为班会还需要统一的主题贯穿，否则就可能是无效班会。

我们试想：是不是小学一年级的班会主题和二年级一直到高三甚或更久的班会主题基本一样？我相信，您不会否认，因为这就是教育的客观存在。那么，我再来追问："为什么这么多年的教育主题会基本一致？"诚然，不少朋友会说，这是基础教育阶段培养学生的基础品质所需要的啊，例如，遵守纪律、热爱集体、关爱他人等。如果我再做一个假设，不知道朋友们会如何思考。假设一年级的目标得到了很好的落实，例如，遵守纪律得到了很好落实，那么二年级以至以后，还用得着召开以"遵守纪律"为主题的班会吗？您的答案一定是：不需要。而客观现实是，以后仍然需要，而且会延续很多年。到此，问题就显而易见了：班会主题之所以会年年重复，是因为年年班会都微效甚或无效。造成这种结果的原因就在于各教育目标之间是独立存在的，是片状存在的。

所以，"有效+仪式"才能让班会发挥它的效能。

而"有效"是最大的前提，毕竟"仪式"只是仪式，是形式性的东西。

请各位跟我一起思考：咱们每天走进教室之前，是不是明白这节课的教学目标是什么？是不是咱们一节课可以有三四个活动环节，但是每个环节都是为教学目标达成服务的？是不是任何一个游离于教学目标的环节，无论它多么精彩都是无效教学？问题的答案都是"是的"。因为正在阅读的您是教学内行。

您看，咱们的班会有没有围绕学校教育的目标？当然，对于很多人来说，他也不知道目标是什么。教育之所以出现问题最重要的原因就是你让他谈办学目标等，他只会把设计好的文词熟练地背诵。纸上谈兵很容易，但真正把一所学校办好却很难。基于前面的分析，我们认为整个学校的核心目标就是打造有归属感和价值感的教育环境。所以，我们在每个阶段的行为，也都是为这个目标服务的，自然每次班会的目标也是"两感"的满足。

现在我们可以谈论班会课怎样召开了。

（一）核心主题：让彼此成为生命中的贵人。

（二）每个阶段的形式可以有所不同。

第一阶段，即教师发现学生美好阶段。以班主任的班会课演讲为核心，也就是班主任把每周写给学生的信读给参加班会的人员听，让大家谈感受。

例如，大安小学聂文娜老师在班会课上的演讲。

何其有幸，让我遇见你们，四（3）班的孩子们！

担任了班主任，我既高兴又很紧张，是什么让我这位拥有十几年教龄的老师紧张呢？是因为崔老师的优秀，更是因为想给你们更好的。当然你们也值得拥有最好的！你们用求知的眼光鼓励着我，你们用信任激励着我，当我们的优秀率是100%的时候，当我们每一个同学都不掉队的时候，真想拥抱每一位同学，告诉你们，我喜欢你们！

作为班主任，我有更多的时间和你们相处，更了解你们：

我看到运动会中，每一位同学都在实现自己的价值。有运动员在赛场奋力拼搏；有鼓号队同学每天从早到晚训练；有写稿子的同学，用手中的笔在为运动员加油；有负责卫生的组长，让环境干净整洁；有负责检录的同学，让每一位运动员顺利上场。分工虽不相同，但没有一位同学抱怨，总是尽自己的能力让我们的班级更优秀，在大家的努力下，我们取得了优异的成绩。大家这样的团结互助，常常把我感动。我喜欢你们啊，我四（3）班的孩子们。

我听到你们在放学大潮中声音嘹亮地说"老师再见"，我心中窃喜啊，这是我的学生，你瞧他们有多棒！你们的声音有多响亮就代表我有多喜欢你们！

美好真的是可以传播！你看班级里的水洒了，有人会拖干净；有的同学请假了，他的值日会有人帮他做；书架上的书乱了，会有热心的同学整理整齐；大扫除时，有序的分工，让教室干干净净。我还知道……班级里的小美好每天都在发生，这也让我们周围的环境越来越美好，你发现了吗？大家课下告状的少了，笑容多了。乱扔垃圾的少了，教室整齐了许多。忘带文具的少了，同学互助的多了。抱怨的事情少了，眼里的美好多了。

有这么一件事情一直深深印在我的脑海里，你满怀希望地问妈妈："等我上初中能不能还是崔老师和聂老师来教我呢？"

妈妈问："为什么？你到了初中会有很多学科，也会有和两位老师一样好的老师教你的。"

"不"，你一脸坚决地回答："我喜欢两位老师，我还要老师教。"你又怯怯地问："妈妈，你说老师喜欢我吗？"

妈妈肯定地回答："喜欢，遇到你这么优秀的孩子，老师一定喜欢你的！"

被这样疯狂的表白，说不开心，肯定是假的。

你跑过来对我说："聂老师，我能不能既在一组值日，也在二组值日？"

我觉得很惊讶，不解地问："为什么？"

你一本正经地告诉我："我觉得二组抬饭需要力气大的！"

听完你的话，我的心久久不能平静。你的变化多快呀，以前的你可是不太喜欢做这些事情呢，现在的你呢，心里总是装着班级，装着大家！

就在前几天，班里有两个同学出了点小插曲。大家找到你来排解纠纷，我在旁边看到你从容地把两个同学找到一起。

你一脸严肃地问："以后还能是朋友吗？"

"你们都说说怎么回事吧？"

两位同学叙述完之后，自己都觉得不是大问题，都不好意思地笑了。而你又像小大人一样说："那就握手言和吧！"

瞧，多么干净利落地解决了一件纠纷。哈哈，金牌调解员！

你，你，你，知道是谁吗？就是你们啊，我亲爱的四（3）班的孩子们。每一个你，组成了我们这个大家庭；每一段美好，组成了我们班的美好。让我们一起努力，让美好不断发生，幸福（3）班，因为你更美好！

这样的"表白"，对于孩子和家长都是影响和引领。家长、教师和孩子们的感言，可以让更多美好生长。

第二阶段，即聚焦小组阶段，以小组代表演讲为核心。后续每个阶段，根据阶段主要活动形式而相应地调整。

（三）参会人员：学生、教师代表、家长代表，也可以特邀学校领导或其他人员。出席班会人员的感受和评价，对班级发展很重要。

（四）如何开？我们以聚焦小组阶段为例说明。

（1）小组方案多选优。每次班会课的方案都是由各个小组首先拿出自己的方案，然后在多个方案中选择最佳方案作为下周班会的实施方案。这样就能确保班会虽然是一个主题，但具体实施会有不同，避免了没有变化的枯燥。

（2）固定项目保骨架。班会课的形式可以不拘一格，但是为了确保教育效果，还是需要几个固定项目来保持班会的整体骨架的。在工作中，下面几个项目是固定的：

①每个小组推举一个演讲者，用TED演讲的方式，脱稿演讲。演讲内容为一周小组美好内容的提炼和升华。目的是锻炼孩子们的演讲能力，传递小组内部的美好。

②演讲稿不能是事件的罗列，要求有具体事件和细节描写；要求有文采和结构创造力；要求有考试作文的长度。目的是通过小组合作加工文稿，增强凝聚力、体会小组美好和提升小组的综合写作能力。

③演讲人每次不能是同一个人，小组能不能当选"最美小组"的唯一标准是演讲的效果如何。请您思考：这样评价有什么好处？

④家长代表和教师代表或者其他参会人员，要能发表感言。

⑤剩余的其他时间，一般会有20分钟左右，活动形式自由发挥，但要围绕"美好"的主题。

二、教师例会是教师向自己致敬的美好仪式

前面咱们提到庞丽君校长的转变，她之前也是认为教师例会就要讲重要的事情，就要安排任务，否则就是务虚的。在研究院的教育理念介入之后，庞校长总是把原来事务用校内群通知的方式安排下去，而每次教师例会则变成了"教研组美好"展示和"教师经验分享"的TED演讲。

"教研组美好"展示的具体操作和学生的班会基本一致，只是邀请的人员会变成学生代表、家长代表和兄弟学校以及教体局的相关人员。

"教师经验分享"按照"人人都要讲、人人都有得讲"的方式进行，让每位教师的教育智慧在这样的平台上得以展示。

和以往不同，每个月的教师例会，倒成了教师们最热切的期盼之一。因为在这里，教师可以发现学校的美好、可以找到自我的价值和归属、可以汲取他人的智慧……

三、升旗仪式是最庄严的仪式

每周的升旗仪式，绝对是最庄严的时刻。神圣而庄严的仪式，在致敬历史、致敬先烈、致敬祖国之余，如果再能紧扣学校当下作为，让升旗仪式成为展示美好的最高平台，那么对于激励师生产生新的美好，将是极大

的推动。苏州市相城区望亭中心小学在这块做了非常有益的探索和实践，也慢慢形成了推向全国所有实验学校的必然项目。具体而言主要分四个部分，每部分的时间在5分钟左右。

（1）校领导TED演讲。主题为"我喜欢你学校"。主要谈领导眼中的教师和学生以及家长的美好。

（2）教师代表TED演讲。主题为"我喜欢你是因为你"。从教师的视角谈同事之美与孩子之美。

（3）学生代表TED演讲。主题为"我的生命因你而幸福"。从学生视角谈教师和同学之美。

（4）家长代表发言。主题为"遇见你就遇见了美"。从家长角度谈学校、教师、班级和孩子的美好。

每个代表可以选其一个角度讲深入，也可以多个角度涵盖。让每次升旗仪式，都变成一个盛大的传递温暖与美好的场。

三种仪式，分别是不同层面的小结，而每次小结，都是美好的综合性展示，也是一个集中的场域里的精神洗礼，更是促进下次美好的加油站。

在写这些文字之前不久，刷到一个视频。一名号称从学校走出来的培训师说："光讲爱有用吗？学校里真有坏掉一锅粥的老鼠屎，你不去惩罚，他们就会有更多的杀伤力。"可能这是很多一线教师的困惑。暂且不谈惩罚的对象并非每个都经得起惩罚，只是惩罚真的能让人趋向美好吗？您被惩罚之后会是怎样的心理和行为呢？您还记得当年您接受的惩罚带给现在的您的是什么吗？

倘若我们还记得上节课小马的故事，就应该可以相信美好才能带来美好，且场越大，效果越好。这是被140多所实验学校，1200多个实验班证明了的事实。

不作赘述，这里我把俄国教育家皮罗果夫说过的一段话送给各位，但愿能有所启发。

抽打，是为激发人的羞愧感而采用的一种过于粗暴的强制手段。而羞愧感是一种在温室里培育出来的娇嫩的花朵。它一旦落入粗暴之手，就会立即枯萎。抽打会使人产生恐惧，这是无疑的，但是这种恐惧并不能起感化作用，也是靠不住的，它只能掩盖内心的邪恶。抽打只能改造那些精神脆弱的、用甚至不那么危险的方法也可以改造过来的人。

第三节　校园文化是服务成长的场

曾经有学校咨询有没有校园文化设计方面的指导。

可是当我们把一些实验学校的校园图片展示给客人之后，他们摇摇头离开了，临走还丢下一句：这也太不专业了！

自然，我们知道客人口中所说的"专业"是什么，更知道他所期待的最好能有点"特色"，因为他们深信"没有特色就无法卓越"。但我们深信的是"一切为了学生"，只要我们打造的有归属感和价值感的教育环境有利于孩子的身心健康，有利于孩子内驱力的生长，有利于成为拥有美好善良灵魂的人，就是好的学校，就是好的教育。这恰恰是当下教育中急缺的东西。

笔者和所在的研究团队走进江西萍乡实验学校，那大楼的柱子上不是古今中外的科学家，也不是名言警句，而是学校里温暖而美好的孩子的照片以及他们的事迹。时任校长文志国先生说："科学家和其他家放在这里，并不一定能给予孩子多大影响，而孩子们身边的人和事对他们的影响才是实实在在的。"这就是一个朴素的教育人的认知。一所真正优秀的学校，也不会拿自己培养过的优秀的学子图像来彰显自己的优秀，而是会用在读孩子的实绩给予孩子认同和鼓励，因为他们深信，身边的人才能影响身边的人。

所以，真正的校园文化是服务孩子成长的场。

关于学校的场域文化，已经在做了，而这里我们着重要谈的是学校的物质环境布置。

一、墙壁文化

这里的墙壁特指教室内部墙壁、教室外墙壁，尤其是教室外墙壁作用非常大。例如，广州培文学校，每间教室外的墙壁上都镶嵌着一个软板，方便这块场地的运用。一般而言，室内墙壁展示的是周度美好小组的照片和他们典型的美好事迹。室外墙壁展示的是月度美好小组的照片和美好事迹。能够上墙壁展示，且是以小组为单位的展示，会给同学很强烈的自豪感，尤其是那些可能存在不少缺陷和不足的孩子，会因为这一次的展示，而树立信心。

可能会有不少朋友问：要不要把成绩优秀的小组也展示出来？各位，我们一定要深信：人激活了，分数自然会来的，激活人才是当下最要紧的事情；倘若此刻用成绩排名来展示，可能对于整体班级氛围的构建是一种破坏。

二、廊柱文化与报告厅文化

廊柱文化是基于年级组或学校评选的月度"最美小组"或"最美备课组"的展示。展示内容依然是他们的集体照片与典型的美好行为。这是一个团队在学校的最高荣誉之一，展示时长为"终身制"，也就是这个团队如果还没有毕业，就一直留存。这样做的目的是一直激励学生，无论他们在这次当选之后的日子里是保持还是退步了，这份曾经的荣誉会一直陪伴着他们。也只有这样，才能让他们每次看到这份荣誉时心存感慨，迎头赶上。如果某个团队连续当选，就可以在他们的照片下面连续增添他们的美好行为。

三、台阶文化

台阶，是师生每天走了多遍的地方，这里的每一个台阶可以用作"发现美、欣赏美和表达美"的言语的张贴。例如："生活或许有风雨，但心中若有阳光，就能照亮前行的道路。""每一场遇见，都是生命中的奇迹，让心灵在感恩中珍惜每一个相遇的时刻。""心中有爱，世界就有温暖；心中有光，未来就不迷茫。""阅性灵美好，世间都是坦荡大道。""学会欣赏生活中的小美好，这会让我们的心情更加愉悦。""一个人的天赋可以创造美，但事实上，美超过了天赋。"等语句的内容与每天生活的环境、实施的行为相关联，就能慢慢浸润师生灵魂。

四、阅览室文化

阅览室内，不必张贴关于读书的名言，也不用张贴名人读书的故事，可以张贴"最美小组"或"最美教研组"关于学习姿态、帮扶姿态、合作姿态的照片，并附上相应的事迹介绍。在我们的实验学校里，很多被张贴的孩子往往更愿意往阅览室跑，因为这里是他们找到自我的地方，当然，也是他们用更加进取的姿态腾飞的地方。

曾经有校长问我们：你们最大的特色是什么？

可能没有特色就是我们的特色。当我们把教育回归到人的需要，并以满足人的需要为一切学校工作的核心的时候，学生就会拥有健康的心理、温润的灵魂和向上的动力。健康的心理确保孩子平安健康，温润的灵魂确保孩子善良美好，向上的动力确保让每个孩子都能最大化地成为他自己。

教育，就是为了这些！

作家张晓风说：树在。山在。大地在。岁月在。我在。你还要怎样更好的世界？

如果教育确保了孩子的平安健康、善良美好又能积极地向上生长，你还要怎样更好的教育？

当然，大教育圈的教育理念，还涉及影响家长的教育理念，服务学生发展方面的内容。因为家长理念的转变，是扩大对孩子教育场的必然选择。

那么，怎样才能在前序家校协同的基础上，进一步影响家长呢？

第六章

如何引导家庭构建支持性系统

如果做家庭教育，或许需要很多"技术性"支持，但是并非所有的家长都具有"技术能力"，在这种背景下，家庭如何才能支撑起"教育"的大厦呢？那就是构建一种让每个家庭成员都彼此仰望的支持性系统。而这个支持性系统的构建，往往从学校开始，从班级开始……

曾经有教师向我咨询：家长不配合怎么办？

这是常见的问题，也是很多教师尤其是班主任经常埋怨的问题。但是我们有没有思考过：什么才是家长配合？家长怎样配合？

我们先从丁里长中心小学五（2）班的一则"最美小组"表达开始——

尊敬的老师、亲爱的同学们：

大家好！不知道大家有没有听到过"正道的光，照在了大地上"这句歌词，今天，这缕正义的光便照在了我们小组组员张子晨的身上。为什么这么说呢？我和张子晨一同坐公交车回家，过了一会上来了一对老夫妻。但已经没有座位了，张子晨看到后，毫不犹豫地带着我起身让座。她那正义美好的身影深深印在我的脑海中。虽然这只是一件平凡的小事，但正如萤火汇聚成星河般，无数人秉持着有一分热发一分光的信念，我们才能将爱洒满人间。

我们小组的刁雅诗同学是一个十分热心的人。每次宿舍值日前，她都会提醒值日生不要忘记值日，并乐此不疲，有了她，我们宿舍值日总能到位。我们组的田心悦贴心又善良，那天打汤的时候，田心悦俯身帮王佳怡拿碗，并贴心地打好汤，提醒王佳怡不要被烫到。

不光如此，在日常生活中她总能把琐碎的小事处理好，有了她，班级添了一道美丽的色彩。今天，我发现祝雨涵主动和同桌说话了。从前，她从不与大家沟通、交流，总是把自己锁在自己的小世界里。今天她居然主动开口了，对于大家来说这只是普通到不能再普通的日常，但对于她来说却是走出内向的一大步。相信在不久的将来，她定会敞开胸怀，自信地与他人对话交流。

这便是我们小组的小美好，相信这些小美好一定会引领我们小组走向成功的彼岸！所以我认为我们小组是今日最美小组。

作为读者，看到这个发言或许会没有太多感触，如果我把这个发言人的相关资料给您看，而您又把自己当作是家长来体会的话，您就会发现这个发言的意义了。下面是班主任王老师书写的文字——

这个孩子叫小马。家庭情况复杂，从小马那里，我了解到，他的父母由于种种原因不在一起生活，可能是离婚了吧（孩子这样说，我不好意思多问）。他的妈妈带着他和他的姐姐生活压力很大。有一次，小马不听话，他的妈妈坐在河边哭了很长时间。这件事发生时，正值聚焦小组美好刚开始。当时我也没想那么多，就感觉着还挺可怜，想帮帮她吧，同为女人，都不容易吧。可是，小马这孩子怎么也不争气，很多坏习惯，怎么也改不过来。在家看手机，在学校里坐也坐不好。当时我创建的"标准双姿"班，对他来说，可太难了。因为他总也坐不好，每次一要求他，他就生气，甚至有一次，没来上学。

后来小马妈妈发给王老师的消息，言语之间都是对王老师的感谢和欣慰。因为他的孩子在改变着。

这里我们看到的只是一个结果，这里还有一个过程，那就是王老师每次都把"聚焦小组"别人对小马的美好的发现发给妈妈。让小马的妈妈逐渐意识到自己的孩子没有自己看到和感受到的那么不堪，自己的心态也在慢慢地转变着。此时，王老师为了改变妈妈的教育理念和认知，就对小马妈妈提出了一个要求：要求妈妈每天在家里看到小马的美好就发给老师。

就这样，小马的妈妈领受了一项"作业"。而正是这项作业让小马妈妈看孩子的眼光不断在改变，不断变得柔和，不断变成了满眼的美好，心情也逐渐愉悦了起来。而王老师每天也都会以想象的方式，把妈妈对小马在家里的美好行为称赞传递给小马。慢慢地，小马的眼神里多了些光彩。

在班级聚焦小组行动中，小马也不断被提及美好，小马终于有了很大改变。同学们每次说他的优点时，他都会捂着嘴偷偷地乐。他在改变，美好真地激发了他的内驱力，他一天比一天好，无论是学习还是在家里。他小组的组长乔依心细，每次都让他发言，可他总也不敢，而这次他终于站起来了，虽然没脱稿，但从发言中足可以看到他的努力和尽力。

小马转变的主要原因是王老师做了一座桥，一座联通家庭和学校的桥。桥的这一端是学校，桥的那一端是家庭，而连接的桥便是美好的发现与传递。

小马之前之所以出问题，是因为他看妈妈不顺眼，妈妈看他也不顺眼。当一家人相互排斥的时候，往往就是孩子出问题的时候。而好的家庭生态关系，一定是活成一家人相互仰望的姿态。彼此欣赏、彼此鼓励、彼此支持，这样就形成了一个完整的家庭的动力支持系统，而这个系统的建立，便是最完美的家庭生态关系。

这也就是我们所说的班风影响校风、校风影响家风的基本操作。

这样美好的家庭生态的构建，不是道理可以讲通的，因为道理再好都不是改变人认知的力量，而只有真实的感触，才是改变人最生动的力量。所以家庭动力支持系统的构建必须遵循以下几个基本步骤。

第一步：学校负责把孩子的校园美好传递给家长。在不断传递的鲜活的美好中，让父母意识到孩子的美好。

第二步：基于传递孩子学校美好的前提，给家长布置"作业"，让家长把孩子在家里的美好表现传递给老师。这份"作业"对于很多家长来说，有点赶鸭子上架的味道。但因为有教师的传递学校美好为前提，这个

"架"家长上也得上，不上也得上。慢慢才会由前期的"被逼"到后期的欣赏孩子的美好形成习惯。正如泰安市泰山大安小学刘晓楠老师所记录：**从一开始家长连孩子的三个优点都说不上来，到现在把赞美变成了习惯。**家长改变了许多，自然也一定会培育更多内心美好的孩子。

第三步：教师把家长的作业内容以现象的方式传递给学生。例如，一个家长发来这样的信息：**我吃完饭躺了一会，我寻思着怎么还没叫我陪你写作业呢，出去一看，你都已经开始好久了，这自律的精神把我整不好意思了，我得向你学习了，说到做到、自律、自觉、执行力，你都有，你太棒了。**这是一个家长给班主任老师发来的孩子在家里的美好。当老师在班上公开反馈家长的点赞信息时是这样说的：

咱们班有家长说自己躺了一会儿，她寻思着怎么儿子没叫自己陪写作业呢？结果大家猜发生了什么——人家自己已经开始写作业了，怎么着，人家不用陪了！这样的自觉自律主动，不愧是咱们班同学的风格。只是，这整得家长有点不好意思了。

各位看，这里老师的表达并没有点出哪位同学的家长，用的是"有家长"和"咱们班同学的风格"等带有全局性的现象表达。这样既可以让当事人感觉到老师在为自己点赞，同时又可以引领全班更多孩子去主动学习、自律作业，而不需要家长的陪伴。

第四步：给孩子一份回家作业——在作业本后面记录家长的美好。有了家长的美好表达做前提，引导学生关注家长的美好就是比较容易的事情了。家庭关系出问题的主要原因之一，就是孩子在内心觉得父母不行，从而导致亲子冲突。而这份作业的完成，就是引导孩子去欣赏自己的父母，从而在内心深处对父母生出敬意。

四个步骤的节奏性运用，都是从"有感而发"，逐步在影响家庭关系。而家庭生态关系好了，学校教育就好了很多。

最后为了加深各位的印象，我以聂纯玉律师的故事作为本节的结束。

聂律师的爱人是美国某大型公司的中国大陆负责人，一个月大部分时间在外出差。聂律师一边一个人带孩子，一边还要处理各种案件，整天疲惫不堪。所以，一旦爱人出差回来，她就忍不住抱怨几句。爱人总是会说："你看看你生气的样子，谁不都是为了这个家啊！"时间久了，一旦自己再抱怨，两岁的儿子就会说："妈妈，你看你生气的样子！"

"儿子的话对我触动很大。"聂律师对我说，"任何一个妈妈都想在自己孩子心中完美，但父亲口中的妈妈就成了孩子眼中的妈妈。"

为此，聂律师开始改变自己。她开始用理解的心态去看待自己爱人的出差，也慢慢体会到出差的不易。所以，从此以后，每当爱人出差回来，她都会迎上来对爱人说："老公，你辛苦了。"然后转身对儿子说："开心（儿子的名），你看爸爸多辛苦，为了咱们娘儿俩，连续在外面奔波。"这个时候，儿子就会走上来帮爸爸提包，还会用自己的小拳头给爸爸捶背。因为，她知道，她口中的爱人的形象就是孩子心中父亲的形象。妈妈对爸爸的仰视态度，也会让儿子对爸爸心生仰视和自豪。而在聂律师不断的改变中，爱人也逐渐意识到了妻子的良苦用心，也总是会在儿子面前讲妻子的专业优秀，讲妻子的辛苦付出。于是，在孩子心目中妈妈又成了他的自豪。之后，爱人出差回来，聂律师还会把小开心在他出差这段时间内的优秀表现自豪地讲给爱人听。这个时候，爱人就会捧起儿子的小脸说："儿子真棒，你是爸爸的骄傲！"赶上爱人不出差，而聂律师为某个案件奔波的时候，回到家，爱人也会把孩子的优秀表现讲给妻子听。

到此，各位可以感受到，聂律师的家庭姿态就是活成了一家人彼此仰望的姿态。家庭成员之间彼此感受到价值认同，从而彼此获得向上的力量。

聂律师的儿子今年10岁了。没上过任何培训班，却成绩优异；没进行过说教，却心地善良，总能看到别人的优点。聂律师是当地最优秀的律师之一，而其爱人作为中国区总负责人的业务也做得越来越好。

一家人彼此仰望的样子，不就是家庭最美好的姿态吗？因为，它在"育"着每个人，它在给予每个人归属感的同时，又给予了每个人价值感的满足，让整个家庭拥有着积极向上的力量。

这其实就是建立了良好的家庭动力系统，而这个系统的建立，教师的桥梁作用至关重要。

下篇

科学，赋能高品

无论怎样，一所高品质的学校肯定绕不开分数。所以，让学生"学得好"是高品质学校最重要的品质之一。而如何才能让学生学得好，则是一门科学。关于这门科学，在这里……

第七章

新生态构建与新质发展

美国心理学家简·尼尔森说："当孩子感受到爱、归属和自我价值感时，他们就有了开发自己的全部潜能，从而成为一个快乐、对社会有所贡献的人的基础。"我们一直走在让孩子感受到爱、归属和自我价值的路上，也取得了丰硕的成果。但如果有新质的发展，就必须构建新的生态关系来支撑。

第一节 新生态的结构形式及其变式

一棵树看见我女儿很好

就把叶子从树上弄下来

树叶一飘一飘

落在我女儿跟前

我一岁半的女儿看见树叶很好

就把它拾起来，递给我

这是女儿给我的第一件礼物

在此之前

我不知道树叶也可以当礼物

而且，遍地都是

————海桑《一片树叶》

很美的一首诗。生活就是这样，很多事情就是"之前"不知道，而"之后"就明白许多道理，我们也就拥有了非常丰富的资源供自己选择。我们做校长也好，做班主任也好，做普通教师也好，不是不想把工作做好，也不是不能做好，而是很多人一直生活在"之前"，从未想过"之后"。例如，此刻我邀请大家看一个班级分组的表格（表7-1），您有没有发现其实它意味着一种班级新生态的出现。

表7-1　班级分组示例1

学科	组别					
	第一组	第二组	第三组	第四组	第五组	第六组
数学	1	2	3	4	5	6
英语	2	③	4	5	6	1
语文	3	4	5	6	1	2
选一	4	5	6	1	2	3
选二	5	6	1	2	3	4
选三	6	1	2	3	4	5

这里有必要向朋友们解释一下表格的内容。

首先是表格里的数字。他们代表的分别是某次大型考试，最好是升学一个学期或者学年的学科平均成绩的排名。只不过第二行开头的是1，第三行开头的是2，以此类推而已。

其次是为什么选择的数字是1~6？也就是为什么只选前6名，其他学生怎么办？因为班上的学生总数是36人，我们分成了6个小组，选择了6个学科为排名依据。以数学为依据的前6名，就是我们看到的第二行的1~6。英语为依据的前6名，就是我们看到的第三行的1~6，只是以2为开头而已。

当然这里您会产生三个问题。

第一个问题：如果有某个同学两个学科排名一样怎么办？

这个问题是很多朋友的疑惑，其实比较容易回答。假如某个学生的数学和英语都是班级的第3名，当我们以数学为排名依据抽出前6名学生的时候，这6个被抽出来的学生单独站在一旁。当我们再以英语排名依据抽出英语的前6名的时候，班上实际的第3名其实是不存在的，因为他已经站在了一旁。这个时候我们用班上的第4名顺位填补，当作第3名来计。后续出现排名重复的情况，都是以此类推。也就是说，除第一个学科排名是真实的排名之外，后续几个学科的排名都是相对排名。因为整体上来说，相邻排名，实际分数差距不会很大。

第二个问题：为什么不是每行都用1开头来排序？当我们认真审视这个表格的时候，就会发现其实每个小组里面都会有1~6六个数字，这就意味着各个小组之间的学业差距不会太大。这是确保小组之间能够竞争的基本前提。如果都按照从1到6的顺序来排列，肯定是第一组会由学霸组成，而第六组就会惨不忍睹。这样的组间构成，不用竞争，后面的小组直接缴械投降，分组也就没有多大意义了。

第三个问题：当一个班级的人数不足36人，或者超过36人怎么办？这倒是一个比较现实的问题，如果解决不好将会出现大问题。这里要分两种类型——

（1）不足42人的班级。如果班级人数正好可以是两个数的乘积，且两个数值都处于4~7之间的话，就可以直接按照两个数的相乘来分组和选择学科。如42人可以选择6×7=42或者7×6=42；35人可以选择5×7=35或者7×5=35。之所以数值区间定在4~7，是因为小组人数少于4则没有氛围，超过了7则人数太多，小组内部的合作质量会下降。

如果班级人数不是合适的乘积选择区间，例如，33人，就不能用成绩的方法来处理。因为你不可能让3×11或者11×3，人数太少和太多都不是分组的合适选择，但我们可以按照表7-2来分组。

表7-2　班级分组示例2

科目	组别					
	一	二	三	四	五	六
数学	1	2	3	4	5	6

科目	组别					
	一	二	三	四	五	六
英语	2	3	4	5	6	1
语文	3	4	5	6	1	2
选一	4	5	6	1	2	3
选二	5	6	1	2	3	4
选三	—	3	—	2	1	—

当然又会有朋友问：每个小组的人数不一样多，这怎么能行？

那么，我想问：每个小组的人数非得一样多吗？这么一问，我相信你就理解了，同时理解的还有34、32怎么办的问题。

（2）超过42人的班级怎么分？的确，目前大多数学校的班级人数都超过40人。如果还按照上述方法来分，后面的小组成绩相对会非常差。所以我们把班级整体按照总分来排名，依据S形分成两个大组，然后每个大组内部再按照上述方法来分就可以了。假设您的班级人数是50人，原则上是要按照5×5的结构分组。但班级人数是50人，就只能选择5×10来分，5为学科数，10为前10名，要分10个小组。但10不能按照1~10的顺序，要按照1、3、5、7、9和2、4、6、8、10两组来分。具体结果可能如表7-3和表7-4组合。

表7-3　班级分组示例3

科目	组别				
	一	二	三	四	五
数学	1	3	5	7	9
英语	3	5	7	9	1

科目	组别				
	一	二	三	四	五
语文	5	7	9	1	3
选一	7	9	1	3	5
选二	9	1	3	5	7

表7-4　班级分组示例4

科目	组别				
	六	七	八	九	十
数学	2	4	6	8	10
英语	4	6	8	10	2
语文	6	8	10	2	4
选一	8	10	2	4	6
选二	10	2	4	6	8

　　当然，这种分组方法潜藏着一个比较大的危机。以表7-3为例，他和二组的几个同学被分到一个小组是没有选择权的。他的考试名次就决定了他必须和这几个同学在一个小组，没有任何自由。同理，您会发现这个班上所有的同学都没有选择权。请问各位：您有这个能力吗？按照自己的设想分组，却没有任何一个同学反对？估计您没有吧。如果各位认真阅读了本书前面的内容，您会发现"新生态"的构建是以"发现美、欣赏美和表达美"的构建作为前提的。一旦我们把这项工作落实到位，大家就会明白：班级发展到这个阶段，需要对班级结构进行优化调整。所以，这种做

法不适合一开始带班就使用。

但是，这种分组方式，它优化在哪里呢？"聚焦小组"的做法，已经让小组成员之间结下了深厚的友谊，再进行重组是不是不合适呢？

第二节　新生态结构的优势

当班级发展到新的阶段，新质发展就是必然的要求。

由于前期工作的开展，小组成员之间的情感结构相对而言非常凝聚。如若重新分组，需要有足够的理由来说服孩子们。

我们以表7-1中的③这名学生为例。咱们从横坐标和纵坐标两个维度结合来看，您会发现这个学生有什么特点？这是我问过不少朋友的问题，但少有人能看出来。亲爱的朋友，停住，别往下读，您能看出来这个学生有什么特点吗？

您会发现这个学生是第二小组的英语第一名。因为数字是3，意味着他是班级英语的第三名。从横坐标看我们可以发现，班级英语的第一名也就是数字1在第六组；班级英语的第二名也就是数字2在第一组；他是班级英语的第三名，他在第二组，第一名和第二名都不在第二组，当然他就是第二组的英语第一名。

于是我们就让这个学生做第二小组的英语科代表。对这个学生来说，这是很有价值感的事情。

到此，我相信各位可以用同样的道理证明这个小组的其他成员也分别是某个学科的小组第一名。当然，您也明白，每个人都分别做着某个学科的科代表。同理，您也可以证明其他小组内部也具备这样的特点，也就意味着每个小组的每个成员都当着自己小组的某个学科的科代表。诚然，这个班级中的每个人都在担任着一个平等的职务——科代表。

所以，这个班级内部，每个人都有价值感，这是新生态结构的第一大优势。

矛盾为什么会产生？从社会学角度分析就是因为不平等，不平等就会失衡，失衡就会产生矛盾，矛盾会带来冲突，冲突会带来重重问题。所以，在这种全科代表的结构形式之下，在这个学科你是组织者，在那个学科我是组织者，彼此之间只有相互协调相互支持的存在。这样就避免了班级矛盾的发生，尤其是避免了因"地位"不平等产生的心理落差导致的心理问题。

现在不少班主任为了追求所谓的平等，总是会说"我们班是平等的，事事有人做，人人有事做"，其实那是伪平等。一个当班长的和一个负责浇花的同学能平等吗？在"都做事情"上是平等，在人格上是平等，而在现实的心理位置和生态定位上，他们根本就不平等。一个市长和一个村支书能说是平等吗？人格、法律赋予的权利平等是一回事儿，而现实是另外一回事儿，这就是表明平等的班级问题重重的原因之一。那些"问题"生，包括学业、心理等有问题的"问题生"，大多是"金字塔"底部的同学，原因就在此。所以，时下最流行的"金字塔"结构班级模式，一开始就注定了问题重重。

让每个人都处于心理的平等地位，这是新生态结构的第二大优势。

我们继续往下分析。既然每个人都是小组内某个学科的第一名，就意味着一个小组内部所有同学之间的学科成绩是互补的。这就客观上形成了结构性的相互依赖，这种结构性的相互依赖使他们具备了相互帮助的可能。这里我只说是可能。但是如果以"发现美、欣赏美和表达美"为基础，这种帮助的可能就成为了现实。当一个学科成绩互相依赖的小组内部相互帮助时，他们的学习效能会极大地提升。我们都知道，"问题生"之所以出现，是不是和被忽视有极大关系？而在这种小组形态里，每个同学都有帮助别人的想法，也有被帮助的现实。当一个小组内部没有任何一个人被遗忘的时候，每个人都可以获得归属感。价值感和归属感的双重统一，如果回到马兰教授的话再来审视，这些学生怎么会不愿意学，又怎么会学不好呢？

所以，**让每个人获得价值感和归属感的双重统一，这是新生态结构的第三大优势。**

反观时下比较流行的分组方式，除却那些为应付公开课或者临时性的任务而临时组织的所谓小组，最典型的分组方式有两种。为了更清楚，我用表7-5说明。

表7-5　两种分组方式

种类	生源		
	优秀生	中等生	后进生
第一种	2个	2个	2个
第二种	1个	2个	1个

第一种分类方式比较流行，三种类型的学生比例为1：1：1；后一种相对来说比较科学，三种学生的比例为1：2：1。诚然，决策者的目的是明确的，那就是让优、中、后搭配，形成互帮互助的结构状态。但是教育的现实是，这种理想违背了基本的人性。如果一个优等生反问："我凭什

么要帮助他们？"作为教师你怎么回答？

当然，我见过对这个问题的回答：你先会了，给一个人再讲一遍就等于你又学习了一遍，给两个人再讲你就等于多学了两遍，给3~5个人讲，就等于又学习了3~5遍。

这个回答你自己满意吗？一种你已经会的东西你愿意反反复复"巩固"3~5遍吗？这对优等生不公平。教育不能砍高就低啊！当然，如果不相互帮助，班主任还有另外一招：捆绑式评价。有人会反驳说："怎么能说是捆绑式评价的，我们是集体式评价。"请问这两种有本质区别吗？

那么，班级重新分组之后，第一件事情就是要迅速地让新小组融为一个整体，建立起小组内部的情感互赖关系。

那么，如何才能快速地实现小组内部的融合呢？进行小组文化（这里所说的文化，是教育领域通常认识中的文化，不是严格意义上的文化）评选。可以有以下项目：

①组名、②组徽、③组旗、④组歌、⑤组口号、⑥组机构、⑦组愿景（愿景就是将来希望小组发展成什么样子？希望有什么样的成就和地位？）、⑧组使命（使命就是小组存在的目的是什么？成立并运行的意义在哪里？）、⑨组价值观（价值观就是共同需要遵守的、倡导的、反对的行为准则、底线和信条是什么？）、⑩组展板、⑪组水杯、⑫组报纸等。

其中①、②项两天，第3天评选；③、④项两天，第8天（含周末）评选；⑤、⑥项两天，第11天评选；第⑦项两天，第15天（含周末）评选；第⑧项两天，第18天评选；第⑨项三天，第24天（含周末）评选；第⑩项两天，第27天评选；第⑪、⑫项三天，第33天（含周末）评选。时间总计在5周左右。

评选规则是第二次评选时可以对前面的内容进行修改，每次拿修改好的新设计参选，每次评选出2~3个优胜小组。

作为教师，我们要明白，各个小组最后设计的小组文化是怎样的不重要，重要的是这个拉长的评选过程。这是增强小组凝聚力的重要手段。小组凝聚了，能够有集体意识、集体荣誉感和集体情感，这才是最重要的文化。

第三节　给予内驱种子萌芽的时机

从初期的教师"发现美、欣赏美和表达美"到后来的"聚焦小组"，我一直在做的是让每个孩子因被看得见并表达出来而感觉到归属感和自我价值感，从而在内心深处生长向上的力量，这就是在学生的心灵上播种的事业。

接下来，我们要做的就是给予有了内驱力的种子萌芽的时机。具体而言，采用的方式依然是"聚焦小组"，只是关注的重点有所变化。笔者举例说明问题。

例1：尊敬的老师、亲爱的同学们：

大家好！我是追光组的王慧语，我认为我们小组是今日最美小组。因为我们小组的几位成员，乔振远、乔浩轩、韩昌家、孟祥桐、吴延皓同学，学习基础稍微差一些，但他们认真努力的样子真让我们佩服。这么多天来，我们小组约定好每天早上七点准时到校，他们谁都没有迟到过，每天早上来到后都在组长的带领下围在一起读书。他们的成绩一点点地进步，虽然没有别的小组进步大，但他们认真的、坚持不后退的态度，着实让我们佩服。我们小组的赵可馨、王一诺和我也从来没有因为他们的学习基础差而嫌弃他们，在成长的路上，我们约定：互帮互助，共同成长。我们是追光组，我们的口号就是：追着光，努力向上。我们一定会不怕困难，勇往直前，相信我们小组能做到，所以我认为我们小组是今日最美小组。

优秀的小组，一定是具有整体发展目标和发展规划的小组。追光组的约定和相互支持，是趋向学习的重要标志。所以，这个阶段聚焦小组的第一个角度：**关注小组共同成长。**

例2：敬爱的老师、亲爱的同学们：

大家下午好！我很荣幸能在这里代表我们组演讲，在这一星期里，我观察了我组同学的表现：我组组长车淑菁同学总会在早读的前一天晚上把需要背诵的内容背下来，发到英语背诵群里，以便第二天早读时有更多的时间检查我们；魏新甜同学，也就是我们的副组长，也是一样，她每次背完就会帮着车淑菁同学检查；当我有不会的单词或有的单词发音不准确的时候，她俩都会很认真而且耐心地教我，也会告诉我记住单词的方法，每当我读或背下来的时候她们都会给我鼓励。我在早读上的任务能完成，很大程度上要归功于我们的两位认真负责的组长，我要谢谢她们的无私付出。其实魏新甜同学一开始英语翻译能力并不是很好，但经过努力现在她可以流畅地翻译出来了；我还要表扬我组的江淑涵同学，几乎每个早读黑板上都会有她的名字，有不会的单词和短语也都会向组长请教，也会主动去找组长背诵，并且她上课时也非常认真，下课时也会去找老师请教问题。还有刘士靖同学，他就算有背不过去的内容也会先找组长去读然后再一点点地背，没有因为背不过去就不背了。最后，我相信我组会在老师和组长的带领下和班级一起变得越来越好，我的演讲完毕，谢谢大家的倾听！

既然这个阶段的核心目标之一是关注学业成绩的提升，将聚焦小组的目光侧重于学习方面是很自然的事情。所以，**关注小组内部学习态度的美好，是必然的选择。**

例3：各位老师、亲爱的同学们：

下午好！今天又迎来了一周一次的最美小组评选大赛，我认为身为组长的我有责任向大家如实汇报我们组的优秀事迹。

老师曾经说过，我们每天的进步就像这0.99～1一样。开始两天并无太大的区别，然而时间长了就会发生质变。从0.99跨向1的过程是十分艰难的，而我组的李晨瑄与孙兆顺同学就正处在这一过程。在以往的早读课上，李晨瑄同学总是能少背就少背，所以是0.99的那一批。然而在昨天早读课上，他竟然主动找我要划重点句子，当时他的神情给我的感觉简直是判若两人。以往他总是给我一种昏昏欲睡的感觉，而今天却给了我一种向上攀登奋斗的感觉。也许可能是5分钟热度呢？大家可能会问，但是我相信有一次就有两次，学习杨老师的教学方法，鼓励与督促并存。这样的话，过不了多久，李晨瑄同学就能在学习之路上迈出重大一步。

我们每个人都是每个组的重要成员，无论成绩的好坏。孙兆顺同学就是我们组的重要成员，大家也许在黑板上很少看到他的名字，但是他的努力是不可否认的，每每临近下课，他都不会放弃，而是坚持背诵，这是许多同学所不具有的。而他也经常找我纠错。我相信在不久的将来，我们班也许又会多出一个努力的天才。

感谢大家的倾听。我相信，在老师与各个组长的共同努力下，我们的班会变得越来越好。

显然大家可以看到，这个小组关注的是小组成员的变化。我们一直强调的被看得见，很重要的一个方面就是个体的一点点进步、一点点向好都可以被人看见并表达出来。这是个体获得动力的重要来源。个体能够一点点变好，就是因为有身边的人不断地看见和表达。所以，理想的小组生态，**一定要关注个体学生的变化。**

例4：尊敬的田老师和亲爱的同学们：

大家好！在今日的最美小组评选中，我想特别赞扬我们组的陈泽豪同学。他曾在清明节期间因沉迷手机游戏而与家人产生争执，甚至一度选择不上学。在他缺席的那几天里，我们组的每位成员都热切期盼他能重返课堂，与我们并肩前行。当他归来后，我们组的同学牢记田老师的教导，深知"齐头并进"的重要性。于是，我们分工合作，有的同学负责帮他补习英语，有的帮他整理语文笔记，还有的耐心为他讲解数学题。经过这十多天的共同努力，陈泽豪在期中考试中取得了显著的进步，成为了我们班进步最大的同学。

这一成就不仅证明了陈泽豪的实力，更彰显了我们组之间深厚的友谊和团结合作的精神。我觉得我们小组是今天当之无愧的最美小组。

从这则陈述中，大家有没有读出感动？当我们聚焦学业成绩提升的时候，千万不能忘记育人。成绩固然重要，但如果能够在获得成绩的过程中达成育人的目的，那该是多么美妙的事情。我们需要关注的第四个方面就是：**小组内部的互相帮扶。**

不少朋友疑惑：我们班孩子怎么没有学习的动力？我们班孩子怎么没有热情？我们班孩子……其实，不是孩子们没有，而是您没有找到合适的方法。例如，您想让孩子们重视学业成绩的提升，却总是给他们讲学习的重要性，或者用各种方式对孩子进行鼓励，或者恨铁不成钢的时候批评或者痛骂一顿。

有教育人说，世界上最没用的三种教育分别是：讲道理、发脾气和刻意感动。深以为然。因为你讲的道理他本来就懂，你发的脾气不会给他带来动力，您的刻意感动也只会增加他们的内疚而同样不会给予他们动力。而好的教育方式，往往就是身边的形象影响形象、灵魂塑造灵魂。所以，我们的聚焦小组，聚焦点往上述四个方向侧重的时候，既可以有自己被看得见而生长的动力，又可以有别人态度的影响，还可以有小组内部的帮扶，更有小组统一规划的相互支持结伴成长，而这些都是一个人趋向进步的重要力量。

不信，您看这个小组的表达——

大家好，我是第三小组的李娅梦，我认为我们小组是今日班级最美小组。因为大家都知道，昨天我们小组的朱薪光同学感冒了，耽误了两节语文新课。语文老师王老师安排等朱薪光来了，让他到办公室给他补课。王老师已经很辛苦了，所以这个任务被我们小组提前完成啦！我们分工合作，生字辅导由付兴蔚、田雨形负责；课文由我、冯悦、高智赋辅导。现在朱薪光同学已经掌握了新的知识，而且王老师批改的语文"课课练"，朱薪光同学也获得了优呢！

王老师经常说，"赠人玫瑰，手留余香"，让咱们做助人为乐的好少年。所以我们小组认为今日最美小组非我们莫属！我的演讲完毕！谢谢大家。

当一个种子开始有了蓬勃欲出的力量时，则未来可期！

第四节　新质学习离不开合作学习

"合作学习如果不是当代最大的教育改革的话，那么它至少也是最大的之一"，美国著名教育家福茨如是说。诚然，我们所说的新质学习，一定是合作学习，但可以肯定地说，不是各位通常看到的课堂上的小组合作。

一谈合作学习，肯定有朋友说"没啥新东西"。我们一直强调，我们做的或许没有新东西，只是做成了系统、做对了节点、回归了应有的本质而已。所以，这里有必要回答一个问题：为什么是合作学习？

在这里，请朋友们允许我讲一段历史：

1957年10月4日，苏联第一颗人造卫星上天，美国的教育首当其冲受到了猛烈的抨击，许多人认为是教育的失败造成了科学技术进步缓慢。自20世纪60年代中期开始，美国又深陷越南战争的泥淖——这场战争的缓慢拖沓、渐增的人员伤亡以及国内不断扩大的意见分歧导致美国国内反战运动爆发，并波及美国社会各阶层，以至全国陷入分裂和悲观中。

如果用一个学校来比喻美国的话，这个叫美国的学校出现了教学和德育双重问题。美国的教育精英们开始向苏联寻找解决这两个问题的途径。（其实，1959年，美国人就开始到苏联参访学习教育了）当时美国很多教育精英把目光投到了维果茨基身上，他们认为维果茨基的理论可以解决美国这个学校的教学和德育问题。

在维果茨基的认知发展理论中，最受重视的是他倡导的可能发展区（或叫最近发展区）的理念。所谓可能发展区，按照维果茨基的说法，是介于儿童自己实力所能达到的水平（如学业成就），与经别人给予协助后所可能达到的水平，两种水平之间有一段差距，即为该儿童的可能发展区。

简单概括，最近发展区就是协作学习的效果减去自己学习的效果所得的差值。这个差值的出现，客观上表明了协作学习的效果是要好于个体学习的。以此为基础，20世纪70年代初在美国兴起了"合作学习"，并在70年代中期至80年代中期取得了实质性进展，并构建了一系列富有创意和实效的教学理论与策略。由于它在改善课堂内学生的心理气氛，大面积提高学生的学业成绩，促进学生形成良好非认知品质等方面实效显著，很快引起了世界各国的关注，并成为当时以至今日主流的教学理论与策略之一。所以美国教育家福茨说："合作学习如果不是当代教育最大的改革的话，至少也是最大的之一。"

合作学习被推崇到这么高的位置，有几个非常重要的原因。

首先，在实践中大面积提高了学生的学业成绩。从维果茨基对最近发展区的定义是可以知道的，通常情况下合作学习会优于个体学习的效果，在我们的生活和工作实践中也有比较直接的体验。

其次，合作学习改善了学习者的心理气氛。"合作"本来就意味着大家有意愿在一起做某件事情。在共同意愿的合作背景下，大家在心理上是平等的、舒展的。更因为"合作"的过程是自己价值感的体验过程，也是自己在合作者的帮助下归属感的获得，所以合作学习的心理气氛，更有利于学习者的健康成长。

最后，有利于学生良好品质的形成。合作过程的本质是关系的调整，因为在合作中需要相互包容、相互成全、相互激励、相互妥协，就需要不断调整自己的心理和行为模式以适应合作的需要，在包容、成全、激励和相互妥协的过程中，个人的良好品质能得到较好的提升。

所以，合作学习既解决了学习问题过程与学习效能问题，又在广泛意义上解决了德育问题。这就是一直以来合作学习被不断实践、研究、推广的原因。

我国从20世纪70年代末、80年代初开始引进合作学习，也曾在本世纪初的教育改革中大力提倡甚至推行合作学习。进入新世纪以来涌现的不少名噪一时的名校，也基本上采取的是合作学习的方式。可是，我们却鲜能找到成功的样本。

原因何在？我们认为通常意义上的合作学习犯了几个方面的错误。

（1）合作的结构。时下比较流行的分组方式，无论是把优、中、后三种类型的学生按照1∶1∶1方式分组，还是按照1∶2∶1的方式分组，有一个前提就是优等生根本没有义务去教授其他学生，且后等学生也不一定有向优等生、中等生请教的欲望。所以，这两种分组方式只能靠捆绑式评价来促使合作。殊不知，强扭的瓜不甜。这就是合作学习不能延续太久或者是非公开课不合作的原因。

（2）合作的时机。合作学习主要是由作为学习主体的学生的主观意愿催生的，但是在时下的课堂教学中，合作的发生往往有两种情况：一种是在教师授课过程中，突然来一句"请大家讨论一下这个问题"；另一种情况是把课堂硬性地分为"自主学习""合作学习"等环节，再加上其他某某环节，在进入"合作学习"环节，你就得放下独立学习，走向讨论。所以前者不顾个体学生会或者不会，你就得"讨论一下"，后者就是课堂程序的"必须"了。两种形式的所谓合作学习，都没有尊重学习主体的主观意愿，一个是完成授课教师的任务，一个是走完课堂固化的流程。

（3）合作的层次。曾经有朋友好奇："为什么有些课堂把'自主学习'作为一个环节放在课堂上，这不是浪费时间吗？有的一节45分钟的课，自主学习就可以占据一半时间，怎么好意思叫高效课堂呢？"我理解朋友的好奇，因为"自主学习"说得高大上一点儿叫作"前置性学习"，说得通俗一点儿叫"预习"。所谓"前置性学习"自然就是在正式上课之前的学习，所以也叫"预习"，为课堂学习做准备的。之所以把"自主学习"放在课堂上，是因为你不放在课堂上学生就不预习，因为没有建立起课下学生"自主学习"的班级生态。如果班级学生有了"内驱力"做基础，他们一定会在课前好好自主学习的。同样，如果有了"温润美好"做前提，也会有部分的合作学习发生。这种建立在课堂之前的合作学习，我们命名为前置性合作学习，它是合作学习的第一个层次，也是合作学习最主要的部分。一个课堂高效与否，关键在于主体性合作学习的质量。主体性合作学习之后依然无法解决的问题，需要放在班级层面跨小组合作，这种组间的合作学习我们命名为终极性合作学习。因为组间合作的内容都是小组内部合作无法解决的核心难题，也是一个学习内容的终极性难题。

遗憾的是，时下的所谓"合作学习"，完全不顾前置性合作学习，而是把合作学习的两个层次合二为一。结果把本应属于"前置"的东西放进了"当下"，从而造成课堂的大面积低效。

那么，怎样才能让合作学习真正地发生呢?

第五节　新质学习的特征及其高效发生的基本步骤

高艳、刘玉静在她们的著作《合作学习教学策略》中也揭示了合作学习的重要性和"关系"在合作学习中的核心。

教育的真谛应该是促进教学，即教师不是直接地教学生，而是学生学习发生的促进者。它以学习者为中心，认为积极的关系能促进人的成长，教学应当建立在人类关系而不是其他物质概念的基础上。

"教师是学习发生的促进者"，怎样促进呢？"关系能促进人的成长"，自然就是构建"人类关系"。最关键的问题是这种关系是怎样的一种关系？这个问题不能得到很好的解决，教育就会依然如故。

斯蒂芬·柯维的理论对"关系"做出了很好的回答。他提出人际发展的三层次模型，最高层次就是互赖关系。所谓互赖关系，就是成员之间具有的相互依赖的关系。合作学习的发生，不是按照教师的主观意愿分成小组，如优、中、后搭配就可以合作，更不是上课过程中老师一声令下就可以发生，而是建立在互赖关系的基础上，才会真正地发生。

我们在借鉴西方合作学习的时候，最大的问题就是把分组方式、任务分配、过程组织等当作重点，而没有把互赖关系构建当作重点。没有互赖关系的建立而幻想合作学习的真正发生是不可能的。

所以，互赖关系是合作学习发生的基本条件。具体而言需要四种基本的互赖关系。

第一是结构互赖。正如两个单位能合作，最大的前提是你能从我这里获得，我也能从你这里获得，二者相互补充，才能共生共赢。所以，合作学习的分组，要注意构成学生与学生之间结构性的相互依赖。分组之后的天然一体性，注定大家相互协作就能实现效能最大化。结构性互赖的方式不同于通常认为的"组内异质"，因为"好中差"的搭配对"好生"来说是不公平的（虽然会把讲几遍就学几遍的道理说给学生听，而本质是人家已经会了，就没有必要再去多学那几遍），"待优生"也不会主动向"好生"学习，如果知道主动，他就不是"待优生"了。当然，如果是"性格、爱好"的异质，就是分组世界的奇观了。如本章第二节呈现的，我们提倡的新生态结构，小组内部每个成员都是某个学科的"相对第一名"，所以他们的学科结构就决定了只要相互合作，就可以取得效能的最大化。

第二是情感互赖。结构性互赖，就如砌砖墙时上下两层摆的砖一样，只是具备了成为一体的可能性，如果真正黏合在一起，还需要石灰水泥的黏合。在商业场上，结构可以互赖的单位很多，但是这不意味着他们可以合作。因为他们不一定认识，认识也不一定熟识，熟识也不一定信任，信任也不一定有多深厚的感情。而真正的合作发生，一定是以信任为基础情感作纽带的，所以情感互赖就是一种黏合剂。如果说分组是合作的硬件建设的话，那么首要的工作就是形成情感上的小组认同，也就是小组的内部凝聚力。只有小组内部形成了团结合作的氛围，才能够发挥团队的力量，创造最大化的生长，并用小组的氛围改变个体的学生。

情感互赖的形成，我们采用了四个基本步骤。

（1）教师的"发现美好、欣赏美好和表达美好"行动，营造了"美好"的氛围，在大环境上，同学们相互欣赏具有了良好的基础。

（2）"小组聚焦"，让每个个体的美好被看见，让每个孩子的归属感和价值感都得到了较好的满足，个人的"美好品质"获得了相当有效的生长。

（3）小组"文化"评比。通过组名、组徽、组训等设计增强小组内部凝聚力。当然，这里必须要注意的是，并非小组设计了这些图案就是凝聚在一起了。根据我们之前分析的人的心理结构的特点，要让图案起到凝聚小组的作用，就必须拉长设计的时间长度。过程才是让小组成员凝聚的根本，而图案只是手段。只重视图案，而忽视了过程，这是很多所谓品牌小组或品牌班级建设的误区。

（4）"小组聚焦"侧重学业相关方面。让每个孩子的"学习欲望"得到了初步点燃，尤其是小组内部的相互帮扶与规划成长，本来就在增强小组情感。

以上四点，是情感互赖的必须。也是，至少在我们的视域内是，只有我们的互赖关系能够真正让合作学习发生。

第三是过程互赖。合作学习的有效甚至高效，一定要有学习过程的相互依赖，而过程有两个层面：一个是整体的统筹层面，一个是具体的操作层面。例如，在我的分组背景下，每个人都是组内某个学科的科代表。这几个学科之间怎样相互协调就显得特别重要，协调好的时间分配等就自然构成了相互依赖的关系，因为就时间而言，此消彼长。所以，哪个时间学什么最有效，是需要好好统筹的。从具体操作层面，也就是怎么学层面，一个小组几个人需要协调分工。具体怎样协调分工才能实现效果最大化，如学某个学科科代表做组织者是必须的，但是在科代表做了引领者之后，谁是主持人、谁是记录人、谁是错题收集人等，都需要明确分工。这样在整个学习过程中，谁都离不开谁。

遗憾的是，在我们当下课堂上看到的所谓合作，只是"过程共度"，却看不到过程互赖，自然效果会大打折扣。

第四是评价互赖。在合作学习中，评价互赖不等同于捆绑式评价。捆绑式评价带有一定的惩戒性质，而互赖的评价是促进性的。例如，某个小组某一个同学没交作业，全组都要扣分，叫捆绑式评价，它的结果往往会制造矛盾。而某个小组的小组图案设计进入了前两名，发给小组一个荣誉证书，叫评价互赖，它的结果往往会促进合作。例如，值日，我们采取的不是通常大家使用的周几就是几组值日的方式，而是采取"承包制"。公开招标，3天一承包。哪个小组可以确保3天都是年级第一梯队，就承包给哪个小组，达成了目标，就发荣誉证书。经验告诉我们，这种方式基本上可以天天处于第一梯队。这个时候大家是为荣誉而战斗，就会科学分工，精诚合作。而每天一个小组轮流值日的方式导致的结果是，轮到哪个小组值日，他们会认为"又该我们值日了"，是一种任务感。一般的做法不会因为哪天某个小组进入了第一梯队而表扬，因为那是他们的任务；反倒值日状况不好，就可能会受罚，从而导致相互指责和抱怨。

四种互赖关系的建立，是小组能够合作起来的重要保障。倘无，合作难是真合作。

根据上述分析，我们可以明确地知道，我们的教育教学生态建立了比较积极的关系，完全满足了合作学习以"积极的关系能促进人的成长"的条件。

那么，在我们的项目学校、实验区，这样的合作学习是怎样发生的呢？

一、教师的备课工作转变为"学习案"编写

"学习案"是学生学习和作业的重要材料依据，不然学习就没有了抓手。一般而言，"学习案"由几个部分构成（表7-6）。

表7-6　"学习案"格式样例

北京毓简教育研究院"学习案"（格式样例）	
以爱己之心自主、以爱人之心合作、以自豪姿态分享、以卓越方式成长	
第一模块：过渡	温习前序知识，过渡到新知识的学习
第二模块：爱己（自主学习）	1. 预读教材，掌握基本知识
	2. 自学基础，检测自我学习效果
	3. 自主攀登重点、难点
说明：第一、二模块，学生自主在家里完成。类似家庭作业，但内容不是巩固性质，而是对新知识的探索	
第三模块：爱人（合作学习）	1. 交流解决自学部分小组不会的问题
	2. 一起攀登"学习案"中的重点和难点
说明：这一模块是组内合作。通过小组交流合作，一起攀登知识高峰	

学习的内容，以让学生自主学习内容为主，培养学生的自学能力，让学生在自我学习的收获中找到幸福和喜悦，获得内驱力。教师真正意义上的解放，是从培养孩子的自学能力开始的。这一做法还改变了传统意义上的"家庭作业"形态。传统意义上的"家庭作业"是学习之后的巩固，对学生来说是"任务"，甚至很多孩子会觉得是负担。而我们的"学习案"在家里自学本质也是"家庭作业"，但学习的内容是探索性质的，而探索新知的收获可以给人带来幸福和愉悦。同时，第二天到学校之后，会有组内合作。如果他自学程度较好，就可以有给别人分享的幸福，从而能进一

步促使他把"学习案"学透、学厚，使学习的质量更高。这样就能确保让有学习能力的同学学得更好，而后进者学得适切正好。

并非题外话。

这里必须要说明的是，学校对教师的考评，不是考试成绩的考评，而是对"学习案"编写质量的考评。因为"学习案"是备课组集体智慧的结晶，自然考评也就是到备课组层面。这样既可以确保"学习案"的质量，又可以减轻教师负担，还可以增强备课组内部团结协作的意识，从而确保教育教学质量的大幅度提升。

二、学校统筹进行课时调整，大半时间用于组内合作

因为课堂学习（请原谅我不用课堂教学这个词语，因为课堂是为学习服务的，所以魏书生老师认为通常意义的教室最恰当的称呼应该是学室）是否高效，关键在于前置性学习的广度、深度和科学度。各位很容易理解，就如现在的课堂，学生预习的内容越多、越深刻、越科学，那么课堂上需要解决的问题就越少，解决的疑难也就越集中，自然也就高效，所以，理想的学习一定是前置性学习的内容广、程度深又符合科学规律。因为在我们实施合作学习之前，我的学生有温润的灵魂、向上的动力和互赖的结构做基础，合作学习就会自然发生。前置性学习的广、深和科学就可以更好地实现，而不是如当下很多"自主学习"一样，只是完成预习题目。

学生在校的学习，其实就是合作学习：一是组内合作，二是课堂合作。所以，这就需要学校统筹，把大量的时间给予学生进行组内合作，而少量的时间给予课堂合作。一般而言，在我们的实验学校，每天上午的时间，都属于自主学习时间。（音、体、美等科目随机穿插在上午时段）没

有场地限制，没有上下课铃声，完全根据学习任务和学习进度小组自主安排。这样既可以让孩子们各显神通，让不同孩子发展到不同的水准，还能不断点燃孩子们的学习热情，凝聚小组合作的力量。

三、课堂直接进入组间合作和师生合作

王晓春老师说："教师应该教学生的，应该是他们确实不会而有必要学且学得会的东西。"作为原理，这句话是对的，但是在现实操作中，每个学生不会的东西是不一样的，不会的程度也是不一样的。教师是不可能把每个孩子的问题都逐一加以解决。但以前置性合作学习为背景，每个个体不会的内容是有小组帮助解决的。这样，前置性合作之后，遗留下来的不会的内容，是一个小组都不会的。此时遗留下来的问题就极具代表性，就有讨论和学习的价值，所以课堂也就改变了当下课堂的目标设定。当下课堂，每节课都要设定一到三个教学目标，而以前置性合作学习为背景的课堂，学生遗留下什么难题根本无法预设，所以目标不可能事先设定。这样的课堂目标只有一个：解决掉所有疑难问题。所以课堂才能真正高效起来。

如果前置性合作学习是小组内部的合作与交流的话，进入到课堂学习阶段，小组内部是无法解决本小组内部问题的，需要通过组间合作来解决。所以，此时课堂的本质就是组间合作。此时教师的角色有二：一是课堂流程的组织者；二是单独作为一个小组，以平等的姿态参与到合作中，提升组间合作的品质。那么，这样的课堂怎么安排呢？

咱们前文谈到过，每天上午的时间，基本上都是留给学生进行组内交流和合作的，所以，所有的课堂安排也就放在了下午。课时安排

如表7-7所示。

表7-7 课时安排样表

北京毓简教育研究院课时安排表（样表）		
13：30-14：30	14：45-15：45	16：00-17：00
第一节	第四节	第七节
第二节	第五节	第八节
第三节	第六节	第九节
课间	课间	第十节

说明：安排只有严格的休息时间段。不同学校根据具体情况进行时长调整。每节课之间没有严格的时间界限，上节课的内容结束了，下一个学科老师接着上。以此类推。有的课会多于平均时间，有的课会少于平均时间，甚至有的课用不着时间。

针对这个安排表，您可能会有几个疑问。

（1）为什么第一、二、三节课之间没有休息，而三节课放在一个小时的整体时间段？这是因为通过自主学习阶段和小组内部的合作学习阶段之后，真正留在课堂上的大家都不会的问题是少之又少，自然每节课也用不了那么多时间。所以三节课一个整体时间（1小时，每一节课平均20分钟）。如果每节课后都有休息，会造成学习的零碎切割。而三个不同学科的切换，从脑科学的角度讲，避免了大脑疲劳，可以在不断切换中让大脑保持比较清晰的状态。

（2）三节课一个整体，那么时间具体怎么划分？其实在表格的备注里说得比较清楚了。因为通过组内合作之后，遗留给课堂的每个小组都不会的问题的数量不同，难度也不同，所以需要的时长也不同。可能有的科目需要25~30分钟，甚至还可能更长；也会有的学科遗留很少，10分钟或

8分钟就可以解决了；还会有的学科可能通过组内合作所有的学生都掌握了，就没有必要进行组间合作或师生合作了，这节课就不必上了。所以，一个小时一休息，是个整体，并不意味着第三、四两节课不可以打通。所以，疑难没解决完，您继续上课。上完了，请下节课老师接着上。如果课堂没有任何疑难需要讨论，老师就歇歇，让下节课老师接着上。这样操作既保证了让不会的问题得到彻底解决，又可以让不必解决的问题节省时间，做到了"因材（特定的遗留问题为教材）施教"和课堂高效。

这样的课堂，让孩子们在学习中收获自信，在合作中收获归属感和价值感，在组间交流和师生交流中收获课堂的高效。所以，在一大批实验学校的实践中，他们的学业成绩有了突飞猛进。

如果您按照咱们介绍的节奏认真落实，到此您的学校一定是一所了不起的高品质学校，正如我们用心织就了一幅锦缎一样。只是，如果锦上能添上一些花，不是更美吗？

我们是有做一些锦上添花事情的必要的。

第八章

为成长提供持续的动力系统

如果我问您：考前的百日誓师有用吗？您肯定会说有用。

那您对照一下活动前和活动后学生的状态，尤其是一周后，您还会那么理直气壮地说有用吗？任何时候，都不能脱离人最基本的心理特点而幻想美好。尊重科学，是教育人的基本态度。

第一节　生命蓬勃生长的科学节奏

欲使生命生长，必须播下种子；欲破土而出，种子必须有破土的欲望；若让破土而出的小苗长成最合适的自己，就必须按照生命节律进行合理的浇水与施肥。

作为教育人，如果要为学生的成长提供持续的动力，就必须按照人的心理节律实施教育，而不能平时不怎么关注，在中高考来临之前的100天来个热热闹闹的誓师动员。这个动员有用吗？如果您是毕业班老师，您的经验会很直接地告诉您：没用！因为这种行为违背了最基本的人的心理节律。

各位还记得在"聚焦小组"启动仪式上，我们给学生做的"一场报告"吗？为了方便下面的讲解，我把前序的文字复制过来——

那么，我问大家：在这片水泥地上放一些化肥、浇一些水，它会发出芽、长出苗、生成干、开花结果吗？不会！为什么呢？因为没有种子。开花结果的最大前提就是得有种子。种子的最大特点就是它有向上生长的可能，这个可能就是我们有向上的力量，不就是我们前面所谈的内驱力吗？所以，咱们老师前一段所做的事情和下一阶段我们要做的事情，就是在我们的心灵上播种子。这是最难的一个阶段，一旦有了可以向上生长力量的种子，后续就简单了许多。

这个时候我们再读这段文字，思路一定会非常清晰。第一个阶段的"发现美好、欣赏美好和表达美好"和第二个阶段的"聚焦小组"其实就是通过不断满足人的归属感和价值感来唤醒人，在每个人的心灵上播下一颗种子。第三个阶段也是"聚焦小组"，只不过聚焦的侧重点往进取、进步、帮扶、协同规划等方向倾斜，其实这是让每个孩子心理上的种子具有破土而出的欲望，种子越饱满欲望也就越强烈，也就越能长出好的苗。这是最难的一步，所以我们用了三个阶段。

小时候有一次父亲让我到田里去给玉米苗施化肥。结果我就去了，结果没过几天，凡是我施肥的玉米苗都死了。于是我就被父亲揍了一顿。请问"我施肥的苗儿为啥会死掉？"对啊，化肥施多了，给烧死了。这就告诉我们，水浇多了会被淹死，水浇少了会出现干渴；化肥施多了会被烧死，化肥施少了会营养不良。怎么办？合适的阶段浇适量的水施适量的肥才是科学的育苗。

大家还记得前面我们提到的拉橡皮筋儿吗？大家如果有经验就会知道，起初拉的时候阻力很小，越拉阻力就越大，我们用的力气就得越大。在心灵上播种之后，让秧苗生长最合适的方式就是在不同阶段施加不同的拉伸力，而这个拉伸力其实就是科学的励志。

说到底，励志也是在改变人的内在心理结构，一种由表层改变开始到逐渐改变内在结构的过程。只是改变心理表层就如拉橡皮筋儿，如果突然用猛力，其结果要么是把橡皮筋儿拉断，要么是它的反弹力伤害了拉伸的人。这就是过度励志不宜的原因所在，也就是百日誓师无效的原因所在。

很多人对这个事情有过误解，认为调动孩子的内心和看病一样：一开始是病重，就下猛药，然后看着好转，逐渐减少药剂量。其实，这正好和如何改变孩子的心理是相反的。如果凭空给孩子来一段猛烈的励志教育，孩子会感觉很突然，而后续的"剂量递减"恰恰给了心理的"反调节"可乘之机。要从"养育"而不是从"教育"开始，先把心"养"好了，然后实施科学的"教育"，才会出成果。

具体而言，科学的动力给予节奏分为三个阶段。

第一个阶段以形象影响形象。这件事情其实我们已经做了，因为"聚焦小组"的第二阶段，我们关注的就是小组内部个体学习态度的美好、个体变化的幅度、小组内部的帮扶以及小组的协同成长等。这个观察视角就是在树立身边的侧重学习的美好。

很多教师和家长总是习惯给学生讲述古今中外名人刻苦努力的故事，如讲宋濂的借书、匡衡的偷光等，其实这些东西距离孩子太远，它们往往也只能作为故事存在，而不会掀起孩子内心的波澜。但是他身边的人，尤其是他小组的人的努力和改变是可以让他真切感受到的，也是可以影响他的内心的。加之小组内部的相互帮扶以及小组协同发展的规划，让某个学生游离于学习之外，几乎没有可能。当然，出现某个孩子因为学习压力过大而产生心理问题的也几乎没有可能。

这是一个延续始终的做法。然后我们进入第二个阶段。

第二节　一首励志歌曲的巨大能量

从本节的标题，您可以得知第二个阶段是每周一歌（当然如果您找到更好的方式也可以）。但看到"每周一歌"几个字，一定会有不少朋友会心一笑。因为这实在算不上什么高明的做法。

我们也尝试过很多种做法，例如，看励志视频、请优生说法，都没有取得多好的效果。选择每周一歌，源于一次契机。

那是2018年11月30日，我们研究院几个研究员一起喝茶，茶香氤氲中，电视里传来一首歌——毛不易演唱的《一荤一素》。当毛不易唱到"太年轻的人，他总是不满足，固执地不愿停下远行的脚步。望着高高的天，走了长长的路，忘了回头看，她有没有哭"。研究员老崔眼泪就夺眶而出了，他说他后悔年轻时往外闯而母亲年老却无法身前尽孝，他说他每次离开家，明明看到了母亲的不舍和眼泪，却还是头也不回地走了。而今，母亲却已不在，唯有心碎。

老崔的眼泪，也引起了我们的思考：言语为什么可以触动人，因为言语的内容应和了听者的心灵脉搏，应和了就共振，共振就能共鸣，共鸣就能触动。我们听歌，起初可能是旋律，而慢慢打动人心的是歌词。所以，励志歌曲的选择，其励志的力度要增强了很多，也正好符合人的心理结构的基本节律。

于是就有了在试验班、实验学校开展每周一歌的励志试验。实际操作时分为"唱"和"说"两个步骤。因为结合歌词的"说"才是最能触动人。但是，"选"是第一位的，因为如果不是《一辈一素》就不一定能够打动老崔。

下面结合具体实例向各位汇报如何做。

一、要选择适合班级实际的歌

在进行文理分科的时候，我带的班级是理科最差的一个班。最差的班级，确实遭遇了不少别人的轻视。在老师和同学们中间，一提到我们班，总是不屑一顾的样子，导致孩子们很压抑。于是综合各种因素，我们选择了信乐团的《海阔天空》作为第一首班歌——

我曾怀疑我/走在沙漠中/从不结果/无论种什么梦/才张开翅膀/风却变沉默/习惯伤痛能不能算收获/庆幸的是我/一直没回头/终于发现真的是有绿洲/每把汗流了/生命变得厚重/走出沮丧才看见 新宇宙/

如果您当过"待优生"，如果您带过成绩不好的班，听到这首歌会不会特别感动？尤其是那句"冷漠的人，谢谢你们曾经看轻我，让我不低头，更精彩地活"。正是因为这首歌触到了学生的痛处，他们才会绝地反击。如果您带的班是个中等班或者优秀的班，他们没有感受过别人的"冷漠"和失败的痛楚，这首歌对他们会有用吗？

所以，选择合适的歌曲，是第一位的。

二、说，一定要有真情实感

关于"唱"没什么好说的。但"说"一定要说，且一定要结合自己的真实感受来表达，这样才能激励自己、触动别人。如果没有"说"，励志歌曲不一定能起到励志的作用。

例如，张泽轩同学的"说"——

尊敬的老师、亲爱的同学们：

大家好！

我是张泽轩，我是一个从（2）班转过来的差生，一直以来老师、同学和我的爸爸妈妈都这么认为。慢慢地，我也这么认为。看到别人比自己强，我也羡慕，我也恨自己。后来我不羡慕了，也不恨了。因为在我的内心深处，我认定了自己就是个差生，我怎么努力都不会有用。因为我笨，所以我认命了。久而久之，父母和老师也对我不抱任何希望了。我也享受在一个安静的角落让自己差下去的感觉，因为再也不会有人逼我交作业，再也不会有人给我唠叨学习的重要性。就像这首歌里唱的"我曾怀疑我，走在沙漠中，从不结果，无论种什么梦"。自从转到咱们班，我们开展了聚焦小组活动，我听到了那么多同学说我的好、我的优点、我做操用力，我帮同学做事，等等。我发现自己不是一无是处，在小组同学的帮助下，我开始学习了一点儿。没有想到，我的努力竟然有了不小的进步，虽然和大家相比，我还很差，但是这个努力让我看到了希望。"海阔天空，在勇敢以后"，我知道，如果我要有一个好的未来，我一定要从今天起勇敢地打破命运的枷锁。从今天起，我告诉所有人，我不是差生，我的未来一定会灿烂的。在此，我也真心感谢这个班级，感谢老师，感谢小组的每一位同学。大家对我不弃，我会加倍努力，我会让（2）班那些曾经看不起我的人看得起。谢谢大家！

他应该是感触最深的同学之一，所以他的言说很动情；他的动情也能激励和他一样暂时落后的同学，和我们这个暂时落后的班级。

当然，为了效果更好，每首歌唱一周，每天至少会有两名同学"说"，从而取得了非常好的效果。

三、要科学排序

真正有效甚至高效，歌曲的排列顺序很重要。例如，我们选择了《海阔天空》是想尽快激发孩子们努力进取的意识。

但是这首歌是有问题的。这首歌最大的问题是把自己成长的立足点放在了别人的肩膀上。是那种"你看不起我，我偏要做给你看"的倔强，是那种"今天你对我爱搭不理，明天我让你高攀不起"的报复意味。这种倔强和报复是一种不健康的心理，在这样的心理背景下长大的孩子，无论将来你考多少分，上多好的大学，心理都是扭曲的。而正常的心理是，无论荣辱成败，都和我相关，一切扛在自己的肩膀上。

所以，急功近利之后，需要及时地修补。于是我们选择了第二首歌，陈国华的《有用的人》——

谁不希望自己是聪明的人/谁不希望什么都能100分/谁会希望自己又呆又傻又愚蠢/谁会愿意听到"你真的好笨"/

有些事情就是这样的残忍/有些道路没有直通那扇门/有些游戏结果不一定要获胜/有些收获不在终点只在过程/

……

你若不努力，没有人可以让你崛起。很多时候，我们不是败给了别人，而是败给了自己。"你不是不能，只是你肯不肯。"这首歌的选择，可以说直抵人性的弱点，又可以树立起自信的旗帜，因为我们都是"有用的人"。这样就引导学生把成败扛在自己的肩膀上。

我们采取的是小组合作的方式，所以，通过励志歌曲影响小组行为就是必须的了，于是我们选择了群星演唱的《崛起》作为第三首班歌——

无论怎样你都是我的兄弟/再遥远都会注视着你/你的每一次跌倒和爬起/我的心疼，我的惋惜/

无论怎样都要拥有尊严/什么结果都不会怪你/荣耀与辉煌不只是胜利/逆风展翅，腾空崛起/

……

如果我们"翻译"一下这首歌，就会明白对小组的意义。"无论你的基础是好是坏，都是我们小组里的人。即使你再差我们都不会把你放弃。你每次考差之后，我们都会为你心疼为你惋惜。无论怎样，我们希望你不要丢了尊严，你考多么不好拉小组多少平均分我们都不会责怪你。因为我们明白，一个人的荣耀和辉煌不是每次都可以胜利，而是具有逆风展翅的勇气……"仿佛一个小组成员对另一个成员的亲亲絮语，温暖而励志。

当然，篇幅关系，不能将所有的励志歌曲都展示出来。只是告诉朋友们，一般歌曲的数目和小组数目相等。如果小组比较多，每首歌歌唱的时间可以少几天；如果小于等于6个小组，可以每周一歌。一轮结束之后每个小组抽签，选择一首歌，用创新的方式进行演绎，也就是开展一场班歌会演。

总之，励志歌曲的运用时间一般在45天左右，而励志歌曲的开始时间大概在"聚焦小组"第二阶段实施30天左右，合计共75天左右。根据行为心理学，彻底改变人的内在心理结构需要90天时间，且改变人的心理，如同通过拉伸改变橡皮筋儿的形状，越往后拉，阻力越大。经过前两个阶段的激励，对孩子的心理调节也就到了最困难的时候的帮助。

此时就必须"下猛药"！只有"猛药"才能冲破旧习惯的阻力。那么，"猛药"如何下呢？

第三节　激起生命的有序狂飙

当人的内心阻力越大的时候，外在的牵引力也应该越大。此时，需要更大强度的励志活动。

基于此，我们研究院组织编写了一套《心镜朗读》教程。每一篇一个励志的角度，如行动、计划、惜时、坚持、习惯等。如表8-1（33天的冲刺方案）所示。

表8-1　33天的冲刺方案

计划安排	达到的目标
1. 此刻我要开始新的生活	目的：拥有新开始意识
2. 我一定能找到成功的起点	目的：找到自己的优势
3. 我本就是大自然的奇迹	目的：认识自己的优势
4. 我即刻行动，绝不拖延	目的：认识优势就行动
5. 人最可怕的是精神破产	目的：让自己激励自己
6. 我绝对不给自己找借口	目的：行动就专心致志
7. 不甘示弱我最终才会赢	目的：别人未必比你强
8. 成功誓言我将全力以赴	目的：直接励志，行动
9. 我的目标是要赢在终点	目的：规避暂时的心困
10. 知道我比以往更加优秀	目的：让进步带来力量
11. 不到最后，就没有结束	目的：高考期间别懈怠

根据不同需要，调整篇目的数量。为了让大家对教程有个大概的了解，拿出一篇为例。

《心境朗读》之五：坚持到底就是胜利

今天，要开启《心境朗读》的第五篇。前四篇的朗读以及同学们的分享，让我思考很多，让我感慨很多，让我更有前行的力量。

但我更知道，只有坚持到底，才能获得最终的辉煌。此刻，我问自己：您能坚持不懈，直到成功吗？

在古老的东方，挑选小公牛到竞技场格斗有一定的程序。

他们被带进场地，向手持长矛的斗士攻击，裁判以他受戳后再向斗牛士进攻的次数多寡来评定这只公牛的勇敢程度。不怕受戳，依然奋斗的才会是最终的胜利者。

这场没有硝烟的高考，我们就在接受类似的考验。如果我坚忍不拔，勇往直前，迎接挑战，那么我一定会成功。如果我怕伤怕痛怕过程中的一点小挫折，我就可能面临失败。

我不是为了失败才来到这个世界上的，我的血管里也没有失败的血液在流动，我不是任人鞭打的羔羊，我是猛狮，不与羊群为伍，我不想听失意者的哭泣，抱怨者的牢骚，这是羊群中的瘟疫，我不能被传染。

失败者的屠宰场不是我命运的归宿。过程中那点小挫折，考试中那些并非高考终极决断的失分，我都不会放在心上，因为我的目标在终点。但我会坚持现有的节奏，只有坚持，只有坚持才会胜利到达终点。生命的奖赏远在旅途终点，而非起点附近，我不知道要走多少步才能达到目标，踏上第一千步的时候，仍然可能遭到失败，但成功就藏在拐角后面，除非拐了一个弯，我永远不知道还有多远。

再前进一步，如果没有用，就再向前一点，事实上，每次前进一点点并不难。事实上，每次的一点点就是胜利的彼岸。事实上，每次的一点点就是对我最大的考验。问问自己，这一点点你能做到吗？如果这点我都做不到，我如何能看到星辰的灿烂；如果这点我都做不到，我如何能坚持大海的浩瀚！

从今往后，我承认每天的奋斗就像对硕大圆木桩的一次砍击，头几刀可能没痕迹，每一击看似微不足道，然而累积起来，巨桩终会倒下，这恰如我今天的努力。就像冲洗高山的雨滴，吞噬猛虎的蚂蚁，照亮大地的星辰，建起金字塔的努力，我也要一砖一瓦地建立起自己的城堡，因为我深知水滴石穿的道理，只要持之以恒，什么都可以办到。

我绝不考虑失败，我的字典里不再有放弃、不可能、办不到、没法子、成问题、失败、行不通、没希望、退缩这类愚蠢的字眼。我要尽量避免绝望，一旦受到它的威胁，立即想方设法向它挑战，我要辛勤耕耘，忍受苦楚，我要放眼未来，勇往直前，不再理会脚下的障碍。我坚信，沙漠尽头，必是绿洲。

我要牢牢记住古老的平衡法则，鼓励自己坚持下去，因为每一次的失败都会增加下一次成功的机会，这一次的拒绝就是下一次的赞同，这一次皱起眉头就是下一次舒展的笑容，今天的不幸，往往预示着明天的好运，夜幕降临，回想一天的遭遇，我总是心存感激。

从今往后，我要借鉴别人成功的秘诀，过去的是非成败，我全不计较，只要坚定信念，明天会更好，当我精疲力竭时，我要抵制想家的诱惑，再试一次，我一试再试，争取每一天的成功，避免以失败收场，我要为明天的成功播种，超过那些按部就班的人，在别人停滞不前时，我继续拼搏，终有一天我会丰收。

我信心百倍，迎接新的太阳，相信今天是此生最好的一天。

只要我一息尚存，就要坚持到底。

关键是这些文章如何使用呢？

（1）每天早读前，全体起立，大声朗读。

（2）一篇文章读三天，读完之后让学生代表结合自己的经历"说"。

这里最重要的不是读，而是"说"。因为"说"者用情，"说"者是身边的人，所以能够影响人和激励人，如果没有"说"，效果会打折70%。

例如，濮阳三高的高志明同学读完本文后的"说"：

说实话，越是临近高考，我发现我不会的东西有很多。我曾经非常沮丧，因为这么多的不会让我的信心被一点点击溃。但是，今天的《心镜朗读》让我明白：我要牢牢记住古老的平衡法则，鼓励自己坚持下去，因为每一次的失败都会增加下一次成功的机会。这个平衡法则，让我突然明白，所有的不会，都是上天给予的恩赐。因为每一次不会的存在，都在证明着我知识点的漏洞。而我的任务，就是把它们攻克。每攻克一个知识点，我就向成功靠近了一个知识点的距离。当众多的知识点向我靠拢的时候，就是一个个机遇赐予我的时候。因为我明白，任何紧张、焦虑、后悔都没有用；唯一有用的就是用迈开的脚步，把迎面而来的困难克服。我要尽量避免绝望，一旦受到它的威胁，立即想方设法向它挑战，我要辛勤耕耘，忍受苦楚，我放眼未来，勇往直前，不再理会脚下的障碍。我坚信，沙漠尽头，必是绿洲。

一篇文章读三天，三天里分不同时段，会有十个左右的人来分享。而每次的分享，都将是对全体同学的启迪和激励。一群人能走得远，是因为一群人可相互激励和支持。这就是相互"说"的价值和意义。

如果此刻我们算一笔账，就会发现三个阶段下来，用了一学期的时间。根据行为心理学90天就可以改变人的内在心理结构，一个学期励志会是怎样的结果呢？一个听我讲课的老师用非常俏皮的方式回答了这个问题——

一个学期励志，连猪都会上树。

诚然，这里没有任何侮辱人的意思，只是为了说明励志有效果而已。我们不妨顺着这个俏皮话问下去：猪上树了会有什么结果？

当然，一种是上去了，成了天蓬元帅，和嫦娥过起了幸福的日子，或者跟唐僧取经后成了净坛使者；另一种可能是从树上掉下来摔坏了。

励志教育一样，有些学生因为励志达成了理想，而不能达成理想的呢？所以，励志教育是把"双刃剑"，效果有多好，风险就有多大。

规避励志的风险是励志者必须要考虑的问题。

第四节　为发展提供持续动力的评价系统

我们搜索过"评价"一词的意思，百度词条的解释是"对一件事或人物进行判断、分析后的结论"，它的本质指向的是结论。

我们也通常这么做，期末了便需评选"三好学生""优秀班干部""优秀教师"，等等。行文到此，和各位分享一个例子，中室牧子在《学力经济学》中曾经举过的一个例子：

第一种：期中考试不错，进入了班级前10名；学期末如果你能考到班级前5名，我给你5万日元的奖励；

第二种：期中考试不错，进入了班级前10名，给你1000日元奖励。到期末考试如果能考到前5名，给你3万日元奖励。

调查显示，孩子们无论对期末的5万日元还是3万日元都不关心，他们关心的是此刻能否拿到奖励。所以，调查结果是，所有的孩子都选择第二种。太远的东西，对人没有多大吸引力，所以，结论性评价也就很难对事物的发展起促进作用。没有促进作用的评价意义也就不大。何况，发展好才是我们的目的，总不能中途不怎么管，结果来了，我通过评价"给你个教训"或"为你加油"。

那么，大教育圈的评价观是怎样的呢？

首先，评价是有节奏的。也就是说什么阶段用什么样的评价方式，如果违背了就可能失去作用。我们来看德西与索玛立方块的科学实验。

实验是这样的：德西把由大学生组成的被试者分为A组和B组。每个被试者每天参加一小时的实验，连续3天。每个被试者的桌子上放有7块索玛立方块、印有索玛立方块所拼图形的三张图片：《时代周刊》《纽约客》和《花花公子》。第一天两组成员都按照图片所示来拼索玛立方块。第二天也是一样，不过换了新的图片。但这次德西告诉A组成员每拼好一个图片上的图形就给他们1美元，B组不会有任何奖励。第三天两组都不会有任何奖励。

每次实验过程中，德西都会暂停实验，出去的时候会说："我要离开几分钟，我不在的时候你们想做什么就做什么。"其实他是走进了另一个房间去观察被试者会做什么。结果第一天两组没啥差别，第二天B组的表现和第一天差不多，但A组突然兴趣大增。然而第三天从没有得到过奖励的B组花在索玛拼图上的时间比前两次长，但A组，也就是之前得到过奖励的小组花在拼图上的时间明显减少。

德西的实验揭示了奖励只能带来短期的爆发，就像是少量咖啡因只能帮助人多撑几个小时，但其效果会逐渐消失。更糟糕的是，它降低了人们继续这项工作所需的长期积极性。

这说明，当我们一开始就拿出某种奖励方案给奖励对象的时候，可能会破坏人积极做事的心。因为通常的评价方式遵循的其实是"如果……那么……"的潜在结构模式，例如，"如果你们小组的班会方案最好，那么我们就采用你们小组的方案，发给你们小组荣誉证书。"这其实是驱动力2.0时代（驱动力1.0时代是指基于生物本能的驱动，如饿了找食物渴了找水喝等）最典型的评价潜在结构，也是时下最常用的结构模式。如果运用不当，就会产生表扬或者批评的无效症，而真正驱动人发展的最核心力量应该是内在驱动力的激发。

之前引用过马兰教授的话："只有满足学生对归属感和影响力的需要，他们才会觉得学习是有意义的，才会愿意学，才能学得好。"前期只要努力营造有归属感和价值感的大教育圈，用言语表达和展示等即可。这是教育人必须要改掉的思维惯性——不奖励或者批评，就不能有动力。

也就是说在"播种期"，无须采用通常的评价系统。进入"生长期"也就是我们所说的浇水、施肥期，才运用评价系统。

其次，评价是有层次的。秦晓燕老师曾经讲过一个山东德州名校长的故事。她说：

当我走进这所学校之前就听说这所学校三年前还不像样子，新校长到来之后，不到一年就面貌一新：全体老师的工作积极性大增，工作的创造性自然也得到了极大发挥。到第三个年头，这所先前不像样的学校，已经成为了当地名校。于是我就忍不住问校长自己有什么神奇密码？校长憨厚地笑了笑说，他根本不懂教育。一个不懂教育的人又是如何把一所学校打造成名校呢？因为我清楚地记得某市教育局局长更换的时候引起的讽刺事件。一个原来当畜牧局长的人，竟然做教育局局长，于是在当地教育界引起了不小的轰动——这不是瞎搞吗？但是，校长的后续谈话，让我改变了对这个问题的看法。校长说不是教育出身，原来他是乡镇干部，在撤乡并镇过程中，他失去了自己的工作岗位，就被调到了学校做校长。因为自己不懂教育，所以自己就不指挥教师该如何做。校长说："但是，我知道只要教师有工作的积极性，我的学校就一定能搞好。"于是他总是想老师之所想，例如，派学校后勤人员给老师接送孩子，每年的春节校长亲自为每个教师写春联，等等；他说总是不断地走近每个教师，了解每个教师的优点和特长，然后在不同的场合用不同的方式表扬老师；他说他总是给每个教师学习进修的机会，等等。这就是他把这所学校打造成名校的全部密码。

这就应和了马云所说的"领导是照顾人的，不是照顾事儿的；如果领导照顾事儿，下属就琢磨人"。管理是有层次的，一个管理者应该管到什么层次是有讲究的。如果长臂管辖，既挫伤了中层的积极性，又可能造成下属"琢磨人"的闹剧。江苏省望亭中心小学毛家英校长采用"项目管理"，就是把一个工作任务都分解为"项目"，然后把所有权力都交给项目负责人，她只负责管理项目负责人即可。至于项目内部的事情，从不越权过问。这样反而调动了全体教职员工的积极性，短短几年把一所乡村小学打造成了影响一方的名校。

教师评价学生也是如此，只能到小组层面。这样既可凝聚小组，又可给小组内部调节关系提供机会。此时，您要做的就是当孩子们质询该如何做时出出主意。

再次，评价是多维等值的。学校普遍存在的评价方式是分数评价，无论是老师还是学生，或者说分数占据了60%以上的比例，这就会导致一部分人的积极性被打击。例如，有些教师擅长科研或者擅长社交，结果校长偏偏说学生的分数搞不上去，你搞教科研搞社交有什么用？一个可以让学生分数好的教师，不一定是一个好的科研教师，反之亦然。教师评价学生一样，他这方面不行，可能那方面是可以的。所以，评级要是多维等值的。

（1）多维。以评价班级学生为例，卫生、做操、读书、路队、成绩、助人、最美小组、班会方案、早读声音等，只要是被评选出来的前几名都可以获得相应的证书认可。

（2）等值。以"成绩优异"证书为例，如果评选的是前五名，无论你是第一还是第五，证书是等值的。不会因为你是第一而单独写上"第一名"。读书声音大的小组获得的证书和学业成绩第一的小组获得的证书，也是等值的，对成绩没有偏爱，也没有折扣比例分。

证书就能促进发展吗？不会！这也是我们很多评价者以为发证书就可以激励人的误区。如果让证书起作用，就必须建立起评价的落地系统。这是大教育圈关于评价的第四个特点。

最后，评级是落地的系统。"火车跑得快，全靠车头带"，这是普通的运行方式，所以普通列车的最高时速为160km/h。普通列车之所以跑不快，就是因为车头带。现代高铁之所以跑得快，不是因为车头带，而是它有很多驱动车厢，以8节车厢的CRH为例，它的驱动车厢有4到6节，平常运转时只用2~3节车厢驱动就可以超出特快普通列车很多了。所以，想让班级发展有活力，就必须让每一张荣誉证书都起到驱动作用。

倘若每张证书都成为发展的驱动轮，就会生生不息，动力十足。

具体怎么操作呢，我用一个班级的评价系统表8-2，来说明问题。

表8-2　班级评价系统

证书数	对应荣誉/奖励	兑换机制
8	给家长发喜报	
12	室内墙报展板+电子墙报喜报	
18	班级发展勋章，室外展板，一级物质奖励	物质奖励兑换，则4张证书消失兑换功能，勋章，晋级功能保存

证书数	对应荣誉/奖励	兑换机制
26	三级班级发展勋章，室外展板，二级物质奖励	物质奖励兑换，则6张证书消失兑换功能，勋章晋级功能保存
32	二级班级发展勋章，室外展板，班报和自媒体宣传，三级物质奖励	物质奖励兑换，则8张证书消失兑换功能，勋章晋级功能保存
36	一级班级发展勋章，室外展板，班报和自媒体宣传，四级物质奖励	物质奖励兑换，则10张证书消失兑换功能
38	班级发展卓越奖杯，终极神秘大奖	

这里要说明的是，得到证书很容易，因为包括所有日常工作中遇到的项目，所以，8张证书起步。

咱们看第一列，8~26，数字是递增的，且差值越来越大；26~38，数字也是递增的，但差值越来越小。这就说明，你越过了某个界线之后，后面会变得越来越容易。

咱们看最后一列，发现前两行是空缺，也就是说，前两级是以满足"两感"为主要目的的操作，后面才出现了"物质奖励"。这是因为，"要想让别人相信桃花岛上的各种美好，不是单告诉别人岛上有美女帅哥和武功秘籍，而要让别人看到一路桃花，而且是越来越浓的桃花。"这一路的桃花才是动力的关键。所以采取物质兑换制度，因为当所有的证书都是非物质的时候，它的效能一旦被勘破，就会失去动力。

那么，物质奖励的引入，会不会造成被评价对象只关注物质，而评价者又要花费很多呢？不会！此刻我们来解读一下兑换机制。

首先要说明的是每一级物质奖励与下一级物质奖励遵循的数量关系：如果一级物质奖励价值100，二级物质奖励就是$2 \times 100 + 100 = 300$；三级物质奖励价值就是$300 \times 2 + 100 = 700$；四级物质奖励就是$700 \times 2 + 100 = 1500$；五级物质奖励就是$1500 \times 2 + 100 = 3100$。

我们计算兑换数额。如果小组能拿到18张证书，可以得到的物质奖励价值是100，但要有4张证书消失下一级物质兑换功能。也就是说，具有兑换功能的证书变成了14张。如果要抵达下一级物质奖励，需要再拿12（26-14=12）张证书。而如果没有兑换这价值100的物质，那么要抵达下一级物质奖励，需要再拿8（26-18=8）张证书。但是下一级物质奖励的价值是300。这里就需要小组成员商议要不要兑换的问题。如果忍一忍，很快就可以拿到价值300的物质奖励。从我们的实验学校和实验班来看，没有人兑换。而事实是，如果这一次没有兑换，后续就再也没有兑换的机会。各位可以自行计算，看是不是这样。

关于最后的卓越贡献奖杯和终极神秘大奖。一般我们会定制玻璃的或金属的奖杯；终极神秘大奖都是有创意的十分惊艳的非物质奖励，花费不了什么，但足以打动人。

这样一个评价系统，让评价对象在乎每一张证书，从而把事情做好，也就带动了整个单位的高速发展。

当然，它和上两节的励志系统一结合，整个校园便是生机勃勃。同时又会慢慢植入每个孩子的心灵，让积极进取的品质成为灵魂的深深烙印。

第五节 动力系统的风险消解策略

我们采用的是"聊天本"的方式。

所谓的"聊天本",就是每天和学生之间的书面交流本。"聊天"有无拘无束的意味和休闲的味道。

如果师生之间只有教育,那将会失去很多灵魂交汇的美好,而有一个聊天的空间,才会逐渐释放心灵,贴近美好。正因为释放了心灵,孩子所有的心理问题都有个安放之地;正因为孩子释放了心灵,所以教师才会足不出户了解到学生的心灵动向,做到防患于未然。

所以,"聊天本"很重要。当然老师会聊更重要。你不会聊,学生就不跟你聊,你又如何能走进学生的内心呢?

教师如果会聊天,三个字要掌握好。

第一个字:引。

有些学生戒备心很强,他不会随意跟你聊的。例如,N多年前的黄同学,就交上来几个字:我无话可说! 我知道,因为是中途接班,他可能在排斥或者有所顾忌。于是,我在他的"聊天本"上写了这样的评语:"哈哈,你无话可说还是给了我面子,写了5个字,谢谢你。告诉你一个秘密,有人说我是个蛮帅的人,有点像刘德华。你感觉我和刘德华的相似点和区别是什么?"

这个评语，一方面摆脱了老师常态的严肃，变得非常随和，这样可以打消他对老师的顾虑；另一方面我哪里能跟刘德华比啊，这么说的目的就是引出他下一次的话来，别再给我来个"我无话可说"。我深信，只要他接着说话，就会有办法让他主动说。

第二天，他写下了这样的话："帅，我没感觉到。你和刘德华的相似点就是你们都是男人。区别就多了：人家眼睛大，你的眼睛迷离；人家鼻子大，比例协调，你的鼻子大，仿佛是脸上长了座喜马拉雅山；人家嘴巴和谐得体，你的嘴巴占了1/3个脸。"

这个回复让我看到了这个孩子还是有一定的观察力和幽默细胞的，文笔也不错。于是，我又在他的话后面写下了这样的话："呵呵，你观察得真仔细。不过，我不觉得自己丑哟。我妈妈就告诉我说：'大眼一瞪，卖干卖净；小眼一挤，置买东西；小眼睛聚光，大鼻子闻香，大嘴巴吃四方。'你在妈妈心目中是怎样的？你帮我分析一下，就我这样，为什么还有人说我帅？"

我试图通过回复引导他去正确看待母亲以及审视自己的行为，锻炼这个孩子分析问题的能力，以及关注现实的心理。因为他是单亲孩子，跟妈妈一起生活，自然也就打开了交流的大门。

第二个字：放。

放下教师的架子，放下动不动教育学生的功利心。

做教师的有个习惯，总是和学生聊不到一个频道上，原因就在于总是忘不掉自己的教师身份。当然，动不动教育就是教育学生的口气更是职业习惯。

例如，一次倩同学在"聊天本"的开头这么写：同志，不错啊，真聪明，一下子就发现了我多热爱夸奖自己！

对老师的称呼是"同志"。这个时候，她把老师当作老师了吗？没有，只有没把你当作老师，她才会"放肆"。这种"放肆"何尝不是一种心灵的"释放"呢？释放的心灵才不会有压力。如果此刻班主任来句："要尊重老师。"你就连尬聊都没了，直接把天聊死了。

即使你发现了学生的违纪现象，也不要在"聊天本"里教导学生，只需用幽默的语言暗示学生，你已经关注到了就可以了。

假如某个学生到校迟到了。你没有必要在"聊天本"上说"今天你迟到了，扣3分"等话语。只需用幽默的话语让学生体会到你已经关注到他迟到就可以了。例如，您可以这么说：（若7：00早读）今天7:05分，我发现一个人进教室，我还以为是你呢，估计老眼昏花了。

也可以这么说：懒虫，比我还晚。

还可以这么说：今天很开心，班长说今天一个人都没迟到。你信不？反正我信了。

第三个字：回。

要回复每一则孩子的谈话，而且不能用"阅""好""不错"等来应付。因为心是用心来换的。

如果这三个字做好了，学生就会敞开心扉和你聊天。他的心扉都敞开了，你还有什么不能了解的呢？何况，聊天本身就是学生舒缓心灵的方式。

规避励志的风险，就这么简单。

但是，"聊天本"的作用可没这么简单。你是可以用它来做"秘密"评语卡的。

"秘密"评语卡？没听说过吧。告诉您，这可是我认为的最有效的写评语的方式。

你是一个聪明伶俐的孩子，忽闪的大眼睛让我感觉到你是多么的灵动。读课文时你表情丰富、声色活泼，讲故事时你绘声绘色、惟妙惟肖。参加集体劳动你也总是身先士卒、一马当先，赢得了不少人的喜欢。只是，我多么希望你能在自己的座位上安静下来啊，那样你将会更好。

这样的评语您见多了吧？

但是，在我读到这段评语的时候，总是想起一次次领导找我的谈话。前80%左右的话语是对工作肯定，"但是"之后的20%自然就是各种毛病和不足了。当我离开校长办公室一个人踽踽独行的时候，80%是什么，不大记得，一直盘旋在脑海里的恰恰就是那20%的不足。当我把自己的感受告诉朋友之后，她说："作为一个负责任的教师，我总得指出孩子的不足吧，即使现在孩子不明白，数年之后，当他再看到老师的评语时，他一定会明白老师的苦心的。"

您是知道的，数年之后，哪个孩子还会回头翻翻老师当年的评语？即使他会翻，那个时候再明白还有什么价值吗？评语的作用具有一定的即时性，要的是此刻、当下，你的评语让这个孩子看到的不是前面几句好话，而是"你上课不老实"的事实，家长看到的更是这孩子怎么上课这么差，连坐都坐不好！

我不敢说孩子会不会因为教师的"苦心"而受挫，家长会不会因为这句评语而对孩子拳脚相加，此刻，我们不得不去思考：评语写作的目的是什么？

答案主要有三种：

（1）给学生一个学期的表现下一个结论性评定。

（2）指出孩子的优缺点，让孩子明白自己的优点和不足，明白将来该如何走路。

（3）沟通师生感情和家校感情。

评定，关键就在于一个"定"字。当很多事情成为了已然之后，再把已然强化甚至标签化的意义是什么呢？很多孩子或家长关心评语的唯一目的变成了"我"或者"我的孩子"在老师心目中是个怎样的孩子？其实，无论你的孩子是怎样，它都是过往，都是已然，它代表不了未来，也指向不了未来。正如很多学校的评优工作一样，集中放在了学期末。放在学期末的评优能为班级或者孩子的发展带来什么呢？因为接下来就是寒假一个月暑假两个月的假期。如此长的时间间隔早已消解了评价本身的作用。很多时候，我们做的就是这种"劳命伤财"的无用功，但是，很多人在继续这么做。

追问第二种答案：让孩子明白孩子的优点或不足，明白将来如何走路。当孩子走了一个学期之后，你突然告诉他说，这是你的优点，这是你的不足，下学期要发挥你的优点，克服你的不足。那么我想请问：平时你这个老师干什么去了呢？你为什么不在平时用孩子的优点激励他不断前进，为什么不在平时就帮助孩子改正他的不足，以利于他更好地成长？正如开篇的我朋友，既然你发现了这个孩子有坐不住的毛病，一个学期都下来了，你为什么不去纠正他，为什么不在平时就完成对孩子的改变，难道就是为了留到学期末写评语吗？诚然，不是。显然，这些友善的指出都应该是在平时做好的工作，而不应该放在评语里去展示。

对于第三种答案，就不需要追问了，因为这就是我们每个教师平时应该做的工作。很难想象，平时不和家长沟通的班主任是如何做好班级工作的。

很显然，以上都是没有明白评语写作的真正目的是什么？传统的评定式要求使得教师很少去思考到底为什么去写评语，意念当中，这是学期末必须完成的一项工作而已。

我们来看朱洁老师写给学生的一则评语：

你在军训感言中写道：军训，训的不是军姿，练的不只是步伐，而是在烈日下抬头，风雨中奔跑，困难前微笑，挫折后不弃的精神。你写得真好。我也想送给你一句话：拥有梦想的人不做选择题，他们只做证明题。来吧，妞儿，用剩余的一年半时间来证明我的眼光，你永远是我喜欢的璐，没有之一！

这是一则利用孩子自己的话激励孩子的评语，行文亲切、温和而有力度，属于比较优秀的评语之一。朱老师最让我们感到敬佩的是，她明白了评语写作的目的是为孩子的发展服务的。在这则评语里，朱老师在为孩子的发展注入自信和动力。我相信，孩子在看到这则评语之后，她一定会振奋的。

是的，和其他所有教育行为一样，评语的目的一定要为孩子的发展服务，如果一则评语仅仅是评定，仅仅是感情的沟通，甚或是用所谓的"负责任"来给孩子贴上不好的标签的话，就没有多大的价值。教育不就是成全人、发展人和造就人吗？如果教育行为不能为教育目的服务，这样的教育行为还有价值吗？

如果再来理性地思考，一如朱老师的评语真的能够为孩子的发展带来动力吗？还是仅仅让孩子看到这个评语之后自信了一下，仅仅一阵子而已，因为孩子看到评语的时间是刚放假，而接下来的一到两个月假期势必会消解这份由评语带来的自信。

综上分析我们可以得知：如果要评语发挥它促进成长的功能，就必须联通日常和最终的学期结果。

怎样联通日常和学期结果呢？我采用的是"秘密评语卡"。每天和学生们在"聊天本"里谈天说地，我就把学生日常交流中说出来的典型话语记录下来，填在一个"秘密"表格里。为了更好地说明问题，我以海泉同学的评语设计为例（表8-3）。

表8-3　秘密评语卡

海泉秘密评语卡		
序号	日期	记录内容
1	9月5日	换种活法儿，从现在开始
2	9月24日	每个不曾起舞的日子都是对生命的辜负（尼采），作为我的座右铭
3	10月16日	看起来，别人也没什么了不起，只是我们看低了自己
4	11月4日	对不起老师，没有考到一本分数线
期中"秘密小语"（师写）	11月8日	没什么大不了的，但也没什么小不了的。我曾经走过和你一样的心路历程，但是我最终考得不错
我的未来畅想	11月10日	我终于明白了秘密的含义，所谓的秘密就是回望轨迹，在回望当中人才会发现自己在哪里跌倒了。我知道我在不断自信的过程中，变得自大了。自己才是自己的敌人，用自信的态度，做细心的行动者
5	11月21日	看了北大双胞胎姐妹的成功秘笈，我给自己制订了严格的学习和锻炼计划，老师你要监督哟

海泉秘密评语卡		
序号	日期	记录内容
6	12月4日（师记）	下课时，自习课我看到了他切换学科是那么自然，这是一个严格执行计划的孩子
7	12月27日	我读了奥格·曼狄诺的《世界上最伟大的推销员》，它教会了我如何塑造习惯，规划自己。每天读一章羊皮卷，内心慢慢地幸福
8	1月10日	就要期末考试了，忽然感觉没啥复习的
期末"秘密发现"（生写）	1月12日	所谓水到渠成，就是只要踏踏实实做好每一天的事情，就会获得自然的结果。正如梅老师说过的，走好脚下路，自然到天涯。想想这一个学期，对得起自己，因为我取得了不错的期末成绩，更收获了沉甸甸的人生

这个表格设计得比较仓促，但取得了不错的效果。这是一个学期的心路历程，它无关老师的印象如何，更无关教师的评定如何，只关乎在自己的生活轨迹中发现成长的秘密。让轨迹揭示秘密，让秘密的阶段发现服务新的成长，这样真实地沟通了日常和最终结果。更重要的是这个秘密的发现来源于自我，是来自灵魂深处的力量。这才是一个人最宝贵的成长。

诚然，您可以在这个理念的基础上，创造性地设计。例如，您可以把记录语言和记录事件结合，您可以在末尾增加"我的假期畅想"等栏目。

如果，您选择了和我一样的"聊天本"，不妨用用这个"评语卡"。

数据，高品实绩

一所高品质的学校，靠的不是评选，而是实实在在的落地策略和最后的数据展现。如果说上、中、下三篇是具体操作的展示，现在，请数据出场，告诉您高品质学校的模样……

第一节　数据是最闪亮的勋章

这些数据来源于我们141所实验学校，11个实验区的1231个实验班的综合统计（平均值）。样本丰富，科学全面，见表1~4。

表1　学生的成长度（即学生归属感和价值感的满足度）

项目	原始数据	实验后数据
学生对班级的满意度	72.3%	100%
学生对学习的向往度	68%	97.2%
学生对同学的认可度	79.4%	100%

表2　家长的成长度（即家长教育观念的转变程度）

项目	原始数据	实验后数据
家长对学校的满意度	64.1%	99.6%
家长对学生的满意度	57.4%	100%
家长对家庭的满意度	49.4%	92.2%

表3　教师的成长度（即教师的职业认同度与幸福程度）

项目	原始数据	实验后数据
教师对职业的认同度	78.2%	100%
教师对学校的认同度	89%	100%
教师对发展的信心度	36.3%	98.6%

表4　未来的发展度（即面向未来背景下学生的发展潜能）

项目	原始数据	实验后数据	提升幅度
学生学业成绩提升幅度	66.8	81.3	21.8%
学生心理健康提升幅度	59.7%	98.4%	64.8%
家长对孩子未来的信心程度	72.4%	96.5%	33.3%

注　表4分数数据以不同学段总分的均分后，以百分折算后，再取平均值。

第二节　大教育圈项目的六大特征

第一大特征：深耕服务。

项目不是以培训次数为显性特征的散装式教师培训，而是基于系统理念的深耕式服务：手把手指导、全程跟踪参与、深耕行动。让理念落地、生根、发芽，以出成果为目的。

第二大特征：成效立体可测。

10年摸索实践，经得起检验。项目效果可接受第三方或教育相关部门检测，让数据说话。

第三大特征：多重问题一体解决。

项目变课程、课堂、特色为基点以学校和教师输出为主的发展路，以学生心理健康、教育生态和谐、发展动力内驱为主的"学生为主"的发展路。心理健康问题、学业成绩问题、教师负担问题、学校安全问题、家庭教育问题均可一体解决。

第四大特征：影响深远，能够形成属于自我教育IP。

实施半年之后，即可召开教育成果发布会。自信能召开发布会且时间确定的前提是——成果一定会取得；成果一定能经得起考验；成果具有先进性。

第五大特征：不改变学校现行做法，不折腾，不后退。

该项目不改变学校现行做法，只是植入理念和操作方式。不折腾是基本原则、不后退是基本底线。

第六大特征：见效快，部分项目一周见效。

预备期：全体教师掌握操作系统。

践行期：一个学期：师生精神面貌发生初步变化，孩子的心理健康问题得到较好解决，家庭初步懂得如何做家庭教育。

一年内，师生内驱力得到初步激发，学业成绩得到大幅度提升。

可以联系我们索取方案样例，我们将以全方位理念的公益介绍开启咱们的友谊之路。认同了，一起奋斗；不认同，多些朋友。

未来美好，一起追逐！

扫码索取方案样例

这本书，很快就写完了。

三个人分工是原因之一。更重要的原因是这些东西都是亲身实践和经历的，从理念到实践。每一步的理论依据，每一步的操作足迹，每一个问题的出现和一起探讨出的解决思路等，都像刻在脑海中一样，无须多少构思，直接从脑子里拿出来就是书。

正因为不用多少构思和加工，所以，它保留着一份鲜活、真实，有一种岁月斑驳的回响，更有一种关于梦想的滚烫。

这个梦想关于孩子的身心健康、关于家庭的和谐美满、关于学业的优异美好、关于职业的幸福构建、关于协同育人的实践，更关涉整个教育突围路线的探索。因为我们整个研究院82名专业研究员和数百名兼职工作人员都是在一线工作奋斗过，多数依然在奋斗着。大家看到了现实教育的问题，大家都想解决问题。但是，问题的解决不可能等着别人给你一条路让你去做。因为如果有人给出了这条路，他就已经做好了，中国教育或许早就好了。

正因为没有，我们去做。

愿我们梦想的星星之火，能照亮教育未来的天空。

这个梦，十年前的2014年，我们开始做。那个时候我们挥汗如雨进行大量的阅读，我们唇枪舌剑进行大量的辩论，我们孤灯伏案在认真推演。

当理论的依据、实践的框架开始有了雏形的时候，我们开始在各自的班级实践，在各自的学校实践。再后来，遇见了毛家英校长、庞丽君校长、张洪洲校长、韩文静校长、梅杰，等等，开始做我们的实验学校。

成为我们的实验学校挺不容易的，因为要放弃文化包装，要放弃很多的特色打造，还不允许有太多的宣传。只管埋头赶路，这样的寂寞，在当今这个时代，还有几人能做到？所以，再次向我们的实验学校致敬，向我们的实验区和实验班致敬！您是认认真真踏踏实实的教育人。

起初做一所学校我们需要六年时间，后来四年，再后来两年，再后来就是一年半（半年储备，一年实践）。时间越来越短，证明着的理论和实践都愈加精准和成熟。一年之后，您掌握了全部密码，用不着我们去指导，您循环运用即可。

再后来我们开始做区域试验班。就这样，我们慢慢被众多的教育人看见、接受……就这样，一晃十年。

曾经有人问：你们的理想是什么？

或许有，也或许没有吧。说没有，因为我们只想做对教育有益的探索、对孩子有益的实践。所以，我们研究院的核心文化为：阅性灵美好，行人间正道。

说有，是因为我们大教育圈理念的基本运行轨迹应该是班风影响校风、校风影响家风、家风影响民风。在影响民风这块，我们还很迷茫。倘若能将这步做好，或许我们的理想就是为这个社会作出贡献，为中华民族的伟大复兴添砖加瓦。

这个似乎很大，所以我们不敢说有理想。

但我们还是愿意沿着我们做了十年的梦，继续前行。

在这本书的成书过程中，冯瑞娟、田茹、佘莹、刘晓艳、常亚丽、位晓宁、王亚芬、韩彩丽、陈星、刘超、司巧丽、闫圣晗、续欣欣、梁晓楠、任清华、王灵珍、胡淑甜、徐言艳、翟雪为、马式珍、安静、熊莉、郭梦、李捧等老师，作出了不小的贡献。这里深表感谢。

北岛在《波兰来客》中写道：那时我们有梦，关于文学，关于爱情，关于穿越世界的旅行。如今我们深夜饮酒，杯子碰到一起，都是梦破碎的声音。

因为他失望了。

而我们做了十年的梦，还愿意做下去。

因为我们的梦，正在成为现实。

北京毓简教育研究院

2024年6月10日于北京

真正意义的教育革命，往往是从一间间教室开始萌发的。

——（日）佐藤学